ハンディ版

2割に集中して結果を出す習慣術

習慣化コンサルタント
古川武士

Discover
ディスカヴァー

ハンディ版 2割に集中して結果を出す習慣術

習慣化コンサルタント
古川武士

Discover
ディスカヴァー

はじめに

2014年9月、テニスの世界4大大会、USオープン。アジア人としては初となる、グランドスラム準優勝を果たした錦織圭選手の戦い方は、まさに上手に力を抜く人の象徴です。準決勝の世界ランク1位のノバク・ジョコビッチ選手（セルビア）と対戦した試合結果を見てみましょう。

第1セット 6―4／第2セット 1―6／第3セット 7―6／第4セット 6―3

ここで着目すべきは、第2セットでわずか1ゲームしか取らずにセットを失っているところです。試合の様子を見ていると、無理にボールを追いかけていないのが明らかでした。しかし、これは彼の作戦で、戦略的に体力を消耗するのを防いでいたのです。勝つべきセットでは全力を尽くし、不利だと思ったセットでは徹底的に「力を抜く」のです。

このメリハリが彼の真骨頂だと専門家は言います。

つまり、**「力の抜きどころ」が絶妙**なのです。

同じように、仕事で高い成果を出す人も、「力の入れどころと抜きどころ」を知っている人です。仕事のすべてに等しく力を入れるのではなく、2割の仕事に集中することで成果は出るのです。

「なぜ、あの人は早く帰っているのに成果が出ているのか？」

「なぜ、あの人はいつも余裕なのに納期をきちんと守れるのか？」

こんな風に感じる、できる人が周りにいるのではないでしょうか？　**その人は、仕事の本質を見極め、成果が出るポイントに全力投球し、それ以外の部分は上手に力を抜いているのです。**

しかし、力を抜くことは「言うは易く行うは難し」です。なぜ難しいのでしょうか？

それは「完璧主義思考」があるためです。

私は、多くのビジネスパーソンをコンサルティングしてきた経験から、完璧主義思考が効率を阻み、巨大なプレッシャーを生み出し、失敗を恐れさせ、自己嫌悪に陥れる元凶だと痛感しています。

では、その先にある思考は何か？　それは、**「最善主義思考」**です。**最善主義とは、「力の入れどころと抜きどころ（集中する2割）を見極めて、より無駄をなくし、限られた時間で最大の結果を出す」ことです。**この思考を身につけると、あなたは今よりも少ない時間で大きな成果を出すことができます。

そして、自分に過度なストレスをかけず、プレッシャーや不安を軽減することができます。

最善主義こそ、多くの仕事やプライベートの用事において、限られた時間を自分の幸せと成果のために、最大効率で使えるようになる思考だと私は考えています。

本書では、完璧主義思考から最善主義思考に移行するための思考・行動の習慣をお伝えします。

あなたの無用なストレスを減らし、より効率的に成果を出すためのヒントになれば幸いです。

【ハンディ版】 2割に集中して結果を出す習慣術　目次

第0章 完璧主義が効率を下げる

第1章「短時間で効率的」に仕事を終える

第2章 「効果的な工夫」で成果を高める

第3章「失敗を恐れず」行動する

第4章 「精神的な余裕」をつくる

第5章「他人の力」を上手に活かす

★本書は2014年11月に出版した『力の抜きどころ 劇的に成果が上がる、2割に集中する習慣』(小社刊)から内容を抜粋し、大幅な加筆・修正を施して、図解化したうえで、ハンディ版にしたものです。

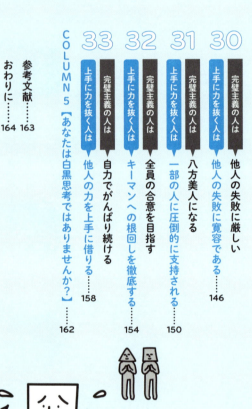

第0章

完璧主義が効率を下げる

完璧主義は悪いのか？

完璧主義の人は、「きちんとやり遂げる」「細部にこだわる」ことに美徳を感じており、それ自体は間違っていません。

完璧主義には、当然メリットもあります。私が開催するセミナーで、参加者から出たのは次のような声です。

［完璧主義のメリット］

・仕事がちゃんとできる気がする
・達成感を得られる。自分が満足できる
・がんばろうという向上心がある
・人に認められる。尊敬される
・ミスがなくなる

・自分が安心できる
・がんばったと思える
・完成度が上がる

完璧主義の人は最善主義に移行すると、これらのメリットが失われるのではないかという恐怖心があるのでしょう。私も完璧主義の代表なので、心情はよく理解できます。

しかし、**本書でいう最善主義は、力の入れどころと抜きどころを見極めて、より無駄をなくし、最大の結果を出そうとすること**です。周囲からの評価や成果も結果的に高まります。

過剰な完璧主義はビジネスでは弊害になる

大リーグのイチロー選手が理想とするバッティングフォームは究極の美であり、それの探求はまさに完璧への飽くなき追求です。

日本一の天ぷら職人の早乙女哲哉さんは、30年間、毎日理想の揚げ方にこだわり、うまくいかなかった時のことを振り返っています。

黒澤明監督にしても、アップルのスティーブ・ジョブズにしても過剰なほどの理想主義者であり、完璧主義者でした。それが彼らの卓越した成果につながっています。

しかし、**一般のビジネスパーソンにとって過剰な完璧主義はむしろ悪影響をもたらす**と私は考えています。

アスリートや職人のような職業は、自分のこだわりや理想への飽くなき追求が、人を感動させる仕事につながります。

しかし、一般のビジネスパーソンはひとつの仕事に没頭するというより、多くの仕事が次々と舞い込み、同時に多数のプロジェクトを進める必要があります。その過程では常に優先順位を変え、プロセスを最適化することが求められ、限られた時間で成果を出す必要があります。

つまり、過度の完璧主義はプロセスの最適化を邪魔します。

私は、仕事を抱えすぎているのに人に任せられず、深夜まで残業し、休日出勤までしてがんばり、結局潰れてしまう人を多く見てきました。ある銀行に勤める女性も、次のような悩みを持っていました。

- **仕事上、ミスが許されないのできちんと完璧に仕事を進める必要がある**
- **だからいつもミスを恐れて、不安と恐怖が頭から離れない。リラックスできない**

・昔から、自分が決めた手順をきちんとクリアしないと気持ちが悪い
・人にも厳しくなり、いいかげんな人と仕事をするとイライラする
・重たい仕事は、本腰を入れて時間のある時にじっくりやろうと思い、先延ばしにしてしまう

このような問題を本書では解決していきたいと思います。

▼完璧主義は性格ではなく、習慣

「でも、完璧主義って性格じゃないの？」

これはよくされる質問です。

しかし私は、セミナーや個人コンサルティングの経験から**「完璧主義は性格ではなく、思考習慣だ」**と断言できます。

性格を変えるのは難しいかもしれません。しかし、習慣はコントロールすることができます。

私はこれまで習慣の専門家として、行動習慣、身体習慣、思考習慣を変えるお手伝いをしてきました。それらの知識・知恵を基に、ストレスを減らすための思考習慣の体系をお伝えしていきます。

完璧主義診断テスト

完璧主義といっても、人によって異なる思考傾向があります。
自分の傾向をつかんだ上で本書を読み進めたほうがより効果的です。
まずはじめに、あなたの完璧主義思考を診断してみましょう。

①17ページ上段の15の設問に回答してください。
②それぞれの設問の点数を合計して右端の3つの枠に合計点数を記入してください。
③最後に、17ページ下段のチャートの「思考傾向1に1～5の合計」「思考傾向2に6～10の合計」「思考傾向3に11～15の合計」をプロットしてください。

最終的に17ページ下段の左側のチャートのような状態にします。

3. よく当てはまる　2. 当てはまる　1. やや当てはまる　0. 全く当てはまらない

NO	設問	回答	合計
1	自分が決めた通りに物事が進められないと「ダメだった」と自己否定してしまいがちだ。	3 — 2 — 1 — 0	╱15
2	仕事の結果は、「うまくいった」か「ダメだった」かの二者択一で考えがちである。	3 — 2 — 1 — 0	
3	どんなことでも、正解があると考えて、その通りにしないといけないと考える傾向がある。	3 — 2 — 1 — 0	
4	普段の口癖として「～しなければならない」が多い。	3 — 2 — 1 — 0	
5	ささいなミスであっても、「仕方ない」と自分を許せない。	3 — 2 — 1 — 0	
6	仕事を依頼された時、必要以上に作業や成果物を大きく見積もりがちである。	3 — 2 — 1 — 0	╱15
7	自分の理想、こうあるべきという思考が強く、必要以上に時間をかけてしまうことがある。	3 — 2 — 1 — 0	
8	相手が求めていることより、自分のこだわりに固執しがちである。	3 — 2 — 1 — 0	
9	自分は職人肌で妥協を許せない性格だと思う。	3 — 2 — 1 — 0	
10	繁忙期でもすべての仕事に理想を求めて妥協できず、長時間残業になりがちだ。	3 — 2 — 1 — 0	
11	常に上司からガッカリされたくない、怒られたくないとの思いが強い。	3 — 2 — 1 — 0	╱15
12	依頼された仕事は、抜かりなく完璧に仕上げないと評価されないのではないかと不安になる。	3 — 2 — 1 — 0	
13	些細なミスを指摘されるだけでも、上司の期待に添えなかったと落ち込んでしまう。	3 — 2 — 1 — 0	
14	「さすがの出来だね！」と自分の仕事を褒められると異常に嬉しい。	3 — 2 — 1 — 0	
15	上司や先輩への報告書は、すごく念入りにチェックしてしまう。	3 — 2 — 1 — 0	

完璧主義診断チャート（例）

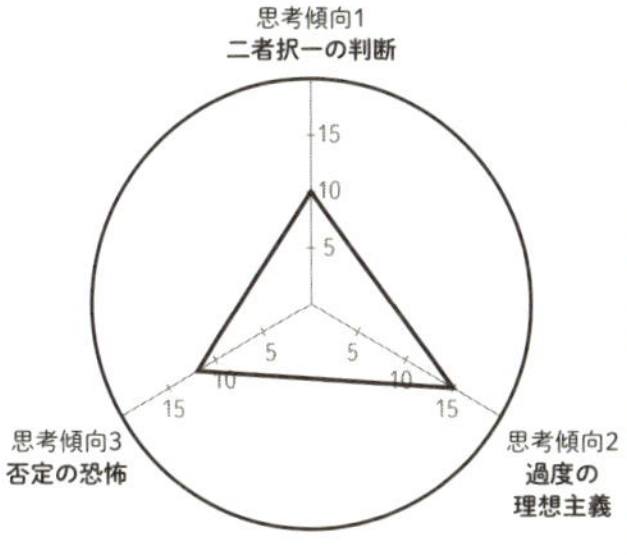

完璧主義診断チャート

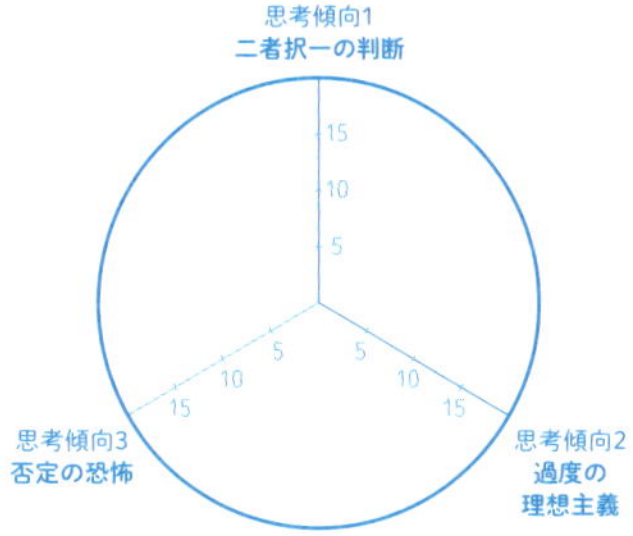

完璧主義の3タイプ

完璧主義には大きく分けて3つの傾向があります。

これは私がクライアントをコンサルティングする中で、思考傾向を分類したものです。それぞれの要素をご説明しましょう。前ページの診断テストの結果と照らし合わせて、あなたの傾向を確認してみてください。

〈思考傾向1〉二者択一の判断

この傾向が強い人は、100点か0点か、と極端に考えて失敗を過剰に怖がります。

また、できなかったことを過大視して自分を責め、自己嫌悪に陥ることがあります。とてもきちんとしていて正確性にこだわる性格ですが、状況に応じて柔軟に自分の計画や行動を変更するのが苦手です。

〈思考傾向2〉過度の理想主義

この傾向が強い人は、理想主義でどんな仕事にも高い行動基準、完成基準を設けます。結果、ひとつの仕事の完成に多くの時間がかかりがちです。簡単に妥協してハードルを下げることに強い抵抗感があります。

〈思考傾向3〉否定の恐怖

この傾向が強い人は、人からの拒絶や評価を気にしすぎるあまり、空気を読みすぎて行動できなかったり、決断できないことがあります。

完璧主義 3つの傾向

思考傾向1
二者択一の判断

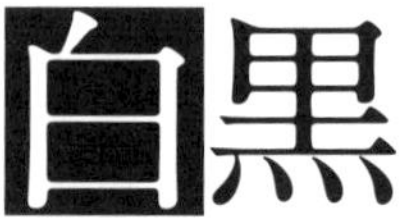

100点か0点か、極端に考えるため、失敗を恐れたり、少しのミスでも自分を責める

項目
3・4・5・6・7・9・10・11・12・13・15・18・19・20・21・22・23・25・26・28・29

思考傾向2
過度の理想主義

高い理想像を描き、プロセスも妥協できずとりかかるため完成までに時間がかかる

項目
1・2・3・4・5・7・8・9・10・11・12・13・14・16・17・19・22・23・24・25・26・27・30・33

思考傾向3
否定の恐怖

人に嫌われたくない、評価を落としたくないと周りの目を気にして動けなくなったり、小さなミスを恐れる

項目
3・4・6・7・8・10・15・16・18・19・25・26・31・32・33

第1章
「短時間で効率的」に仕事を終える

01

完璧主義の人は
がんばること自体に美徳を感じている

上手に力を抜く人は
結果が出ることに美徳を感じている

Aさんは、新入社員の時から、どれだけ長く働いたか、どれだけ忙しいかを誇りにしていました。

退社が深夜0時をまわることは日常茶飯事で、いつも夜遅くまで提案書を書いていました。

当初、上司も努力する姿勢を褒めてくれていたのですが、ある時、昼食に向かう途中、「昨日も2時まで会社にいてほぼ完徹ですよ」と誇らしげに話したら、「お前、会社に長くいることが仕事だと思っていないか？　残業が癖になっていないか？」と言われたのです。

そう、**「たくさん働くこと」「がんばっていること」が美徳になっていた**のです。

昔からそうでした。どれだけ勉強をがんばったかは時間で計っていましたし、テスト対策を効率よくやって点数を取る人を邪道だと思っていました。

しかし、結果を出している周りの人を見てみると、任せるべき仕事は上手に人に任せ、昼間に集中して大切な仕事を終わらせて、19時以降は各自プライベートを楽しんでいたのです。

「汗の数だけ結果が出る」はウソ

レバレッジコンサルティングの本田直之さんは、独立前はベンチャー企業の実質経営者として上場までさせた多忙な時期でも、夜は19時ぐらいには仕事を切り上げ、その後は外で人と会って食事したりして短時間労働に努めたそうです。

本田さん曰く、「会社にいたからといってどうなるわけでもないので、やっぱり外に出ていかないと」とのことです。

レバレッジの達人、本田さんらしい発想です。

上手に力を抜く人は、**がんばらないで結果が出れば、それこそ素晴らしいと考えているの**です。

そう言うと、「楽している」「怠けている」と感じがちですが、がんばらないで結果が出るということは、少ない労力で大きな結果を出すアイデアや工夫ができるということなので素晴らしいことなのです。

がんばりすぎる人は非効率になりがちです。なぜならば、がんばっていることそのものに美徳を感じており、効率の良い新しいやり方を見出せない傾向にあるからです。

がんばることへの美徳を減らし、無駄にがんばらずに結果が出てもいい、結果を出す工夫をしようと決意することから、効率アップがはじまるのです。

完璧主義の人は
とにかくがんばること
そのものが重要だと考える
同じやり方でがんばることに注力し、
工夫をしなくなる

上手に力を抜く人は

少ない時間とエネルギーで結果を最大化することが
重要だと考える

↓

無駄な努力を減らし、効率の良い方法を試みる

実践

❶最小限の時間で結果を出す方法を考える

❷最善主義の人と一緒に仕事をする

02

完璧主義の人は

無制限にがんばる

上手に力を抜く人は

制限を設けてがんばる

「日本のチームは練習のしすぎだ。練習時間を週に3回、2時間にする」

神戸製鋼で7連覇を達成した伝説の元ラガーマン、平尾誠二さんが日本代表監督になった時の最初の方針です。その理由を次のように語っていました。

海外の強豪チームの練習時間は日本より圧倒的に短い。日本だと5、6時間練習するところを海外だと2時間です。

しかし、練習の密度が全く違います。**日本は6時間で力のすべてを使い切るように練習するので、ある意味、時間あたりに発揮する集中力が低い**のです。

逆に、海外の強豪チームは練習時間が2時間なので、最初から猛烈な動きで練習します。

ラグビーの試合は、40分ハーフの合計80分です。海外の練習が合理的なのは、試合時間とほぼ同じで、その時間内で高い集中力を発揮するところにあります。

本番と同じ緊張感でエネルギーを出し切る練習をしているのです。平尾監督は、日本人選手はいざという時、集中力を最高潮に持っていく力が弱いと考え、練習時間を短くして、その分密度を高める改革をしたのです。

単位時間あたりの集中力はどれぐらいか？

平尾監督の改革は、**単位時間あたりの集中力をいかに高めるか**がポイントです。その、試合の時の集中力を最高潮に持ってくるというやり方は、そのまま私たちの仕事にも転用できるのではないでしょうか？

完璧主義の人は、がんばり屋ですべてに全力投球しますが、長時間働く割に生産性が低い傾向があります。

一方、上手に力を抜く人は、一気に集中して短時間で済ませようとします。

単位時間あたりの集中力が低い人と高い人では、生産性が全く違います。3倍以上の開きがあるケースも多々あります。

02

完璧主義の人は

「未来工業」という、非常に生産性の高い会社があります。

この会社がユニークなのは、残業禁止というところです。朝は8時30分出社、17時40分には退社します。

この時間内で仕事が終わらないなら、何が原因か、どういう改善が必要かを常に考え、最適化し続けると言います。だから、生産性が向上し続けるのです。

制限時間を設け、その時間に何が何でも終わらせる執念を持って工夫すると、仕事の効率は全く変わるのです。

上手に力を抜く人は

実践

❶働く時間に制限を設ける
❷集中力の精度を高める

03

完璧主義の人は
丁寧すぎてスピードが遅い
上手に力を抜く人は
多少粗いがスピードが速い

ビジネス書を９００冊以上書いている中谷彰宏さんはスピードの達人です。

たとえば、会議は立ってやるとのこと。座ると余計な無駄話がはじまり、決断に時間がかかるからです。それどころか、コートも脱がないで会議をはじめます。終わったらすぐに外出するつもりだからです。

企画書は10分で書けと言います。10分なんて無理だと言いたくなりますが、**大切なのは企画内容であって、丁寧にパソコンで資料をまとめることではありません。**その場で紙に手書きして企画書とするのです。

また、経営コンサルタントの神田昌典さんが中谷さんに対談を依頼した時の話があります。依頼をした当日に、超多忙な中谷さんからファックスで直筆のお礼状が届いたというのです。そこには「かねてよりお会いしたいと思っておりました」と感謝の気持ちあふれる言葉が添えられていたそうです。

それを見て、神田さんはとても感動しました。超多忙な中谷さんから、当日に、まさか手書きでお礼状が届くなど予想もしていなかったからです。

速いと遅いでは期待値が変わる

この話のポイントはスピードです。神田さん曰く、決してお礼状の字は丁寧できれいではないのですが、速いことが嬉しかったとのこと。

速いというだけで、満足を得られるのです。逆に、時間が経てば経つほど、質の高いものを期待されます。

完璧主義の人は、丁寧に仕上げて出そうとします。これ自体が悪いわけではありませんが、スピード対応をしたほうが喜ばれることも多いのです。

先ほどの中谷さんのように、企画書はその場で提出、会議は10分で終える、お礼状はすぐにファックスするなど、ひとつの作業にかける時間は短くて粗くても、「速いこと」で大きな満足を得ることができます。

たとえば、社内会議の議事録は速ければ、多少文章がおかしくても読む側の印象はそれほど悪くありません。全員が記憶の新しいうちに振り返りチェックすることができるなど、メリットがあるからです。

完璧主義の人は
う〜ん
過剰に時間をかける
遅すぎて
相手は不満を感じる
ここまで
やらなくても…
もう少し速く

しかし、1週間経ってから提出すると「遅かったね」「もう少し速く出して」と、不満に思われます。同じものを出しても、速いか遅いかで評価はずいぶんと違うのです。

上手に力を抜く人は

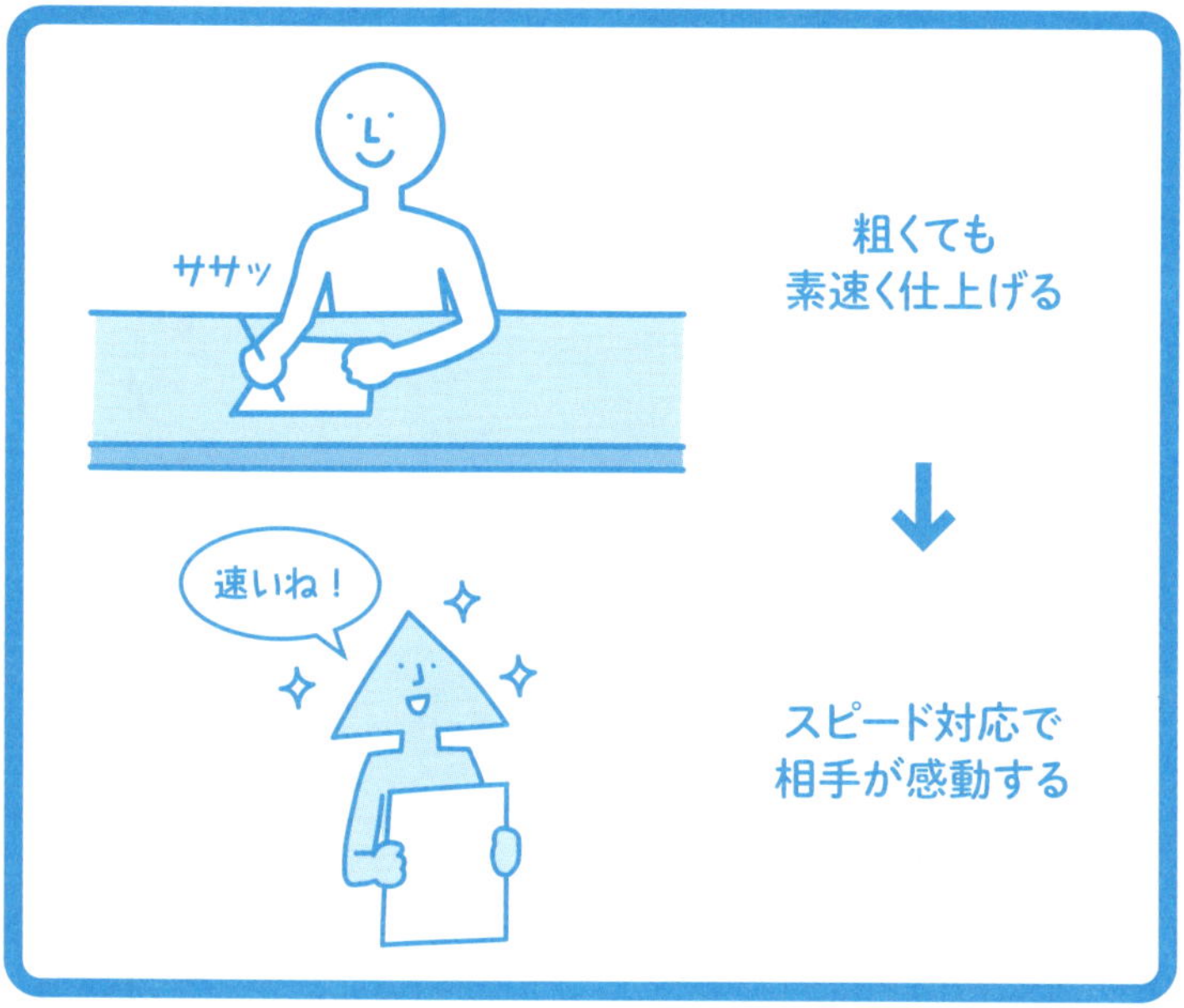

実践

1. 形にこだわらず、速く出す工夫をする
2. リスクが少ないものからはじめる

04

完璧主義の人は タイムプレッシャーを嫌う

上手に力を抜く人は ギリギリを上手に活用する

「仕事の量は、完成のために与えられた時間をすべて満たすまで膨張する」

これは、1958年、英国の歴史学者・政治学者であるシリル・ノースコート・パーキンソンの著作『パーキンソンの法則：進歩の追求』の中で提唱された法則です。

この理論が語っているのは、ある仕事を行うにあたり、余分な時間が与えられると、人は与えられた全部の時間を無駄なく使うために、仕事のペースを無意識のうちに調整し、生産性の低い仕事になることが多いということです。

このパーキンソンの法則は、もともと公的組織の非効率さを研究したものですが、時間効率を考える上で、本質を突いた非常に興味深い内容です。

裏を返すと**「ギリギリ効果」を活用し、自分を追い込めば、その時間の範囲内で工夫をして仕事を終えることができる**ということです。

圧倒的に生産性を高めるのが「ギリギリ効果」なのです。

ギリギリ効果で集中力・思考力アップ！

完璧主義の人は理想的なプロセスを踏みたいので、ギリギリよりも余裕があるほうを好みます。もちろん、余裕があるからこそ、予期せぬトラブルにも対応できるというメリットはあります。

それを前提にした上で、あえて完璧主義の人には、重要度の低い仕事に関してはギリギリ効果を活用することをお勧めします。

「ギリギリ効果」を活用して仕事をすると次のようなメリットがあります。

- **集中力が一気に高くなる**
- **余計な作業を省く思考が働く**

時間が限られて理想的な手順を踏めなくなると、最も効率的なルートを再構築しなければなりません。この時に、仕事のやり方を見直す強制力が働きます。

結果、必要な作業とやらなくてもいい作業を区分けする思考力が鍛えられます。

私は、**わざとスケジュールをびっしりと埋めます。**そうすると、締め切りが一気にやってきた時、いつも通りのやり方では納期が守れないので、やり方の工夫を余儀なくされます。

このようにに自分をギリギリに追い込むことで、限られた時間内で多くの業務を最大効率で行う工夫をするようになるのです。

完璧主義の人は
締め切りまで余裕があるため、
逆にダラダラ仕事を進めてしまう
とりあえず
書類を全部
確認しよう

上手に力を抜く人は

「ギリギリ効果」を活用し、
時間あたりの生産性を高める

必要な
書類だけ
確認しよう

実践

1 あえて納期を早めに約束する

2 ギリギリになった時こそ落ち着いて計画する

05

完璧主義の人は

木を見て仕事をしている

上手に力を抜く人は

森を見て仕事をしている

目先のことだけにとらわれていると、結果的に足をすくわれる場合があります。

たとえば、依頼が来た順に仕事をこなしていくとします。作業依頼メールが来たらその作業をし、上司から資料を作成してほしいと言われたらその仕事をする。

このように計画なく目先の仕事に振り回されていると非効率に陥ります。そして、1日を振り返った時に、結局抱えている重要な仕事に手をつけられず、「ずいぶん遠回りをしたな」「無駄なことをしたな」ということになってしまうのです。

上手に力を抜く人は、1週間、1日の計画をしっかり立てて目の前の仕事に集中します。

1週間と1日の仕事の計画を立てることは、木を見つつも森を見る視野を持つことです。

たとえば、目先の仕事について全体の仕事を考えると、「今やるべきか？」「優先順位はそのままでいいのか？」と考えるのです。また、仕事を依頼されたらしっかりと緊急度を確認し、場合によっては納期をずらす交渉をします。

そして、状況に応じて柔軟に、かつ主体的に優先順位を設定していくのです。

木を見て森も見る

完璧主義の人は、小さなことに焦点をあてすぎて、全体が見えない時があります。

結果、本当に重要なことを見逃していたり、仕事の状況が変わって、もう不要になったことをまだやり続けていたりすることがあります。

そこでまず起点となるのは、森を見ることです。

俯瞰していれば、物事の重要度がはっきりと見えますし、変化も見えてきます。

仕事は、状況によって対処すべきことが常に変わっていくものです。上司に依頼された時と今の時点では変わっている可能性があります。仕事をしながら進捗を見ておかなければなりません。目の前のことひとつに集中しすぎている自分を客観視することが重要です。

05

あなたの上司が課長なら、部長の視野から仕事を眺めてみましょう。2つ上の上司の視野から見ると、仕事の全体像が見え、「どこが大切なのか」「リスクはあるか」など、考えやすくなります。

また、もし自分が上司の立場で部下に「この仕事を任せるなら、その意図は?」など、自分自身に質問してみてください。

完璧主義の人は

上手に力を抜く人は

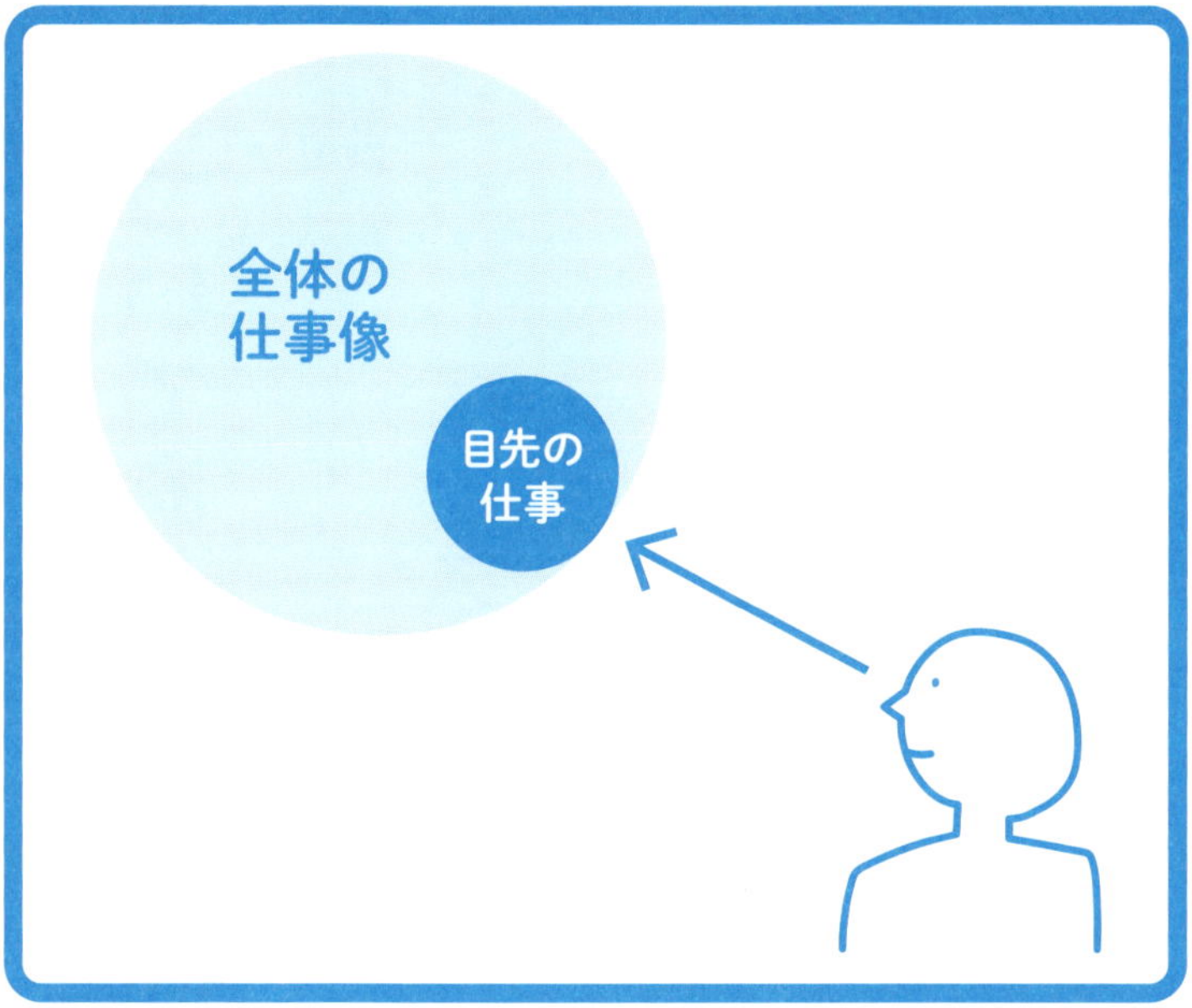

実践

1. 2つ上の上司の視野で考える
2. 自分が上司だったらと想像する

06

完璧主義の人は
未来についてあれこれ心配している

上手に力を抜く人は
今に集中している

あなたは、ひとつの作業をしていても、突然他のことが気になってしまい、つい別のことにあれこれと手をつけて、非効率になってしまうことはないでしょうか？

完璧主義の人は、心配性の傾向があるので、「何か忘れていないか？」「大丈夫か？」と、あれこれ心配してしまいます。

私も以前はそうでした。

資料作成をしていても、途中でメールの返信をしたり、漏れていた電話連絡をしたりしていました。

このようにマルチタスク（同時並行で着手）で仕事をしていると、仕事を切り替えるたびに頭のギアチェンジをたくさんする必要があります。

そのため、集中力は散漫になってヘトヘトになり、結果、やりかけの仕事ばかりがたくさん残ってしまいます。

一方、**上手に力を抜く人は、シングルタスクでひとつのことに集中します。**

ひとつの作業をしはじめたら、横やりが入ってきても、「今、手が放せないから」と伝えて後に回し、緊急なら受けて、「返事は午後に返すね」と最優先の仕事を完了させることに集中するのです。

集中してひとつずつ終わらせることで、余計なギアチェンジが必要なくなり、着実に仕事をこなしていくことができます。

効率の良い働き方はシングルタスク

仕事のギアを変えると、基本的に気持ちとモードの立ち上げに時間がかかり、エネルギーを消耗します。軌道に乗るまでの時間もかかるので効率も悪くなります。

効率化のためには、シングルタスクでひとつの仕事に集中することがポイントです。

06

完璧主義の人は、できなかったらどうしようという心配と不安を常に抱えています。

「Aの仕事は間に合うだろうか」「Bの仕事は本当に決裁がうまく通るだろうか」といつも心配が頭をもたげます。

何となく不安なことや、想定しきれていない事態への恐れが奥に潜んでいて、それが起きたらどうしようと恐れるのです。

完璧主義の人は

マルチタスクで仕事を進めるため、集中力が散漫に

アポ取り
しないとな
資料に
不備はないかな
メール
返さなきゃ
散漫…
お客さまの応対
も頼まれてる

もし、重要な仕事の途中で他の心配ごとが頭に浮かんだ時は、いったん紙に書いて脇に置いておくといいでしょう。「何をする必要があるのか」「いつから手をつけるのか」まで書いておくと安心して手放せます。

上手に力を抜く人は

シングルタスクで集中して仕事を進めるため、
効率が落ちない

実践

❶心配ごとなどのノイズを減らす
❷一点集中力を高める

07

完璧主義の人は
雑用も全力でこなす

上手に力を抜く人は
雑用を省エネで行う工夫をする

組織の中で責任あるポジションになれば、その分、仕事は増えます。

効率的に仕事を終えるには、雑用と重要な仕事とでメリハリをつけなければなりません。

しかし、完璧主義の人は、雑用でも上手に力を抜くことができません。

もちろん、力を抜くといってもいいかげんにするというわけではなく、時間とエネルギーの配分の問題です。

メールの返信でも、社内、社外問わず、丁寧すぎるメールを送ったり、報告書の誤字チェックを過剰に繰り返すなど、無意識にミスの回避を目指すのです。

一方、**上手に力を抜く人は、雑用を省エネで済ませる工夫をして、時間をかけないようにします。**

銀行員の友人から聞いたエピソードを例に挙げましょう。

銀行の事務処理は、ちょっとした雑用の手続きであっても、ミスをすると問題になることが多く、だからこそ事務員は、緊張とプレッシャーを感じながら取り組んでいます。

そんな中で、絶対にミスをしない、それでいながら省エネで業務処理をしている優秀な事務員がいます。

その人に工夫のコツを聞いたところ、次のように秘訣を語ってくれたそうです。

「ミスをする箇所はだいたい決まっているし、間違ったらマズいところも決まっているので、そこを重点的にチェックするようにしているよ。

あと、過去のうまくいった例を参考にしながら、個別性の高い箇所だけを修正するようにしているんだ。

そうすると、チェックすべきところが少ないから、楽にできるよ」

省エネで仕事をこなすからといってミスをするわけではないのです。やはり、力の入れどころと抜きどころを知っていることが大切だと言えるでしょう。

07

毎回同じ労力でやるのは工夫がない

雑用にかける時間を少なくするには、スピードアップとやり方の工夫が不可欠です。

まず、1時間かかった作業を50分で終わらせてみましょう。その上で、省エネで効率的にできる方法を、一度落ち着いて考えてみてください。

同じ雑用を同じやり方と同じ効率で繰り返していては、他の大切な仕事に使う時間を捻出できません。

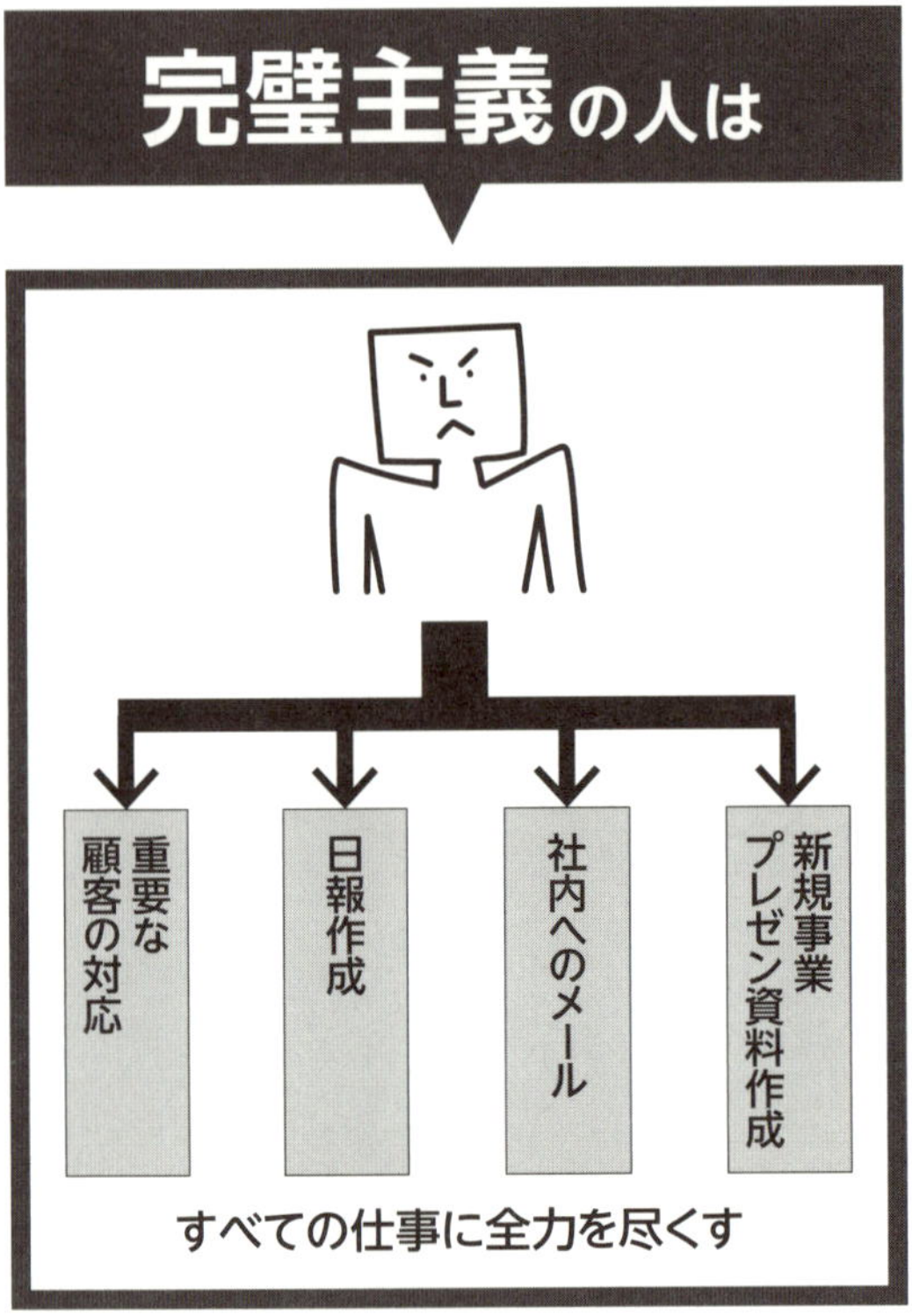

完璧主義の人は
新規事業プレゼン資料作成
社内へのメール
日報作成
重要な顧客の対応
すべての仕事に全力を尽くす

上手に力を抜く人は

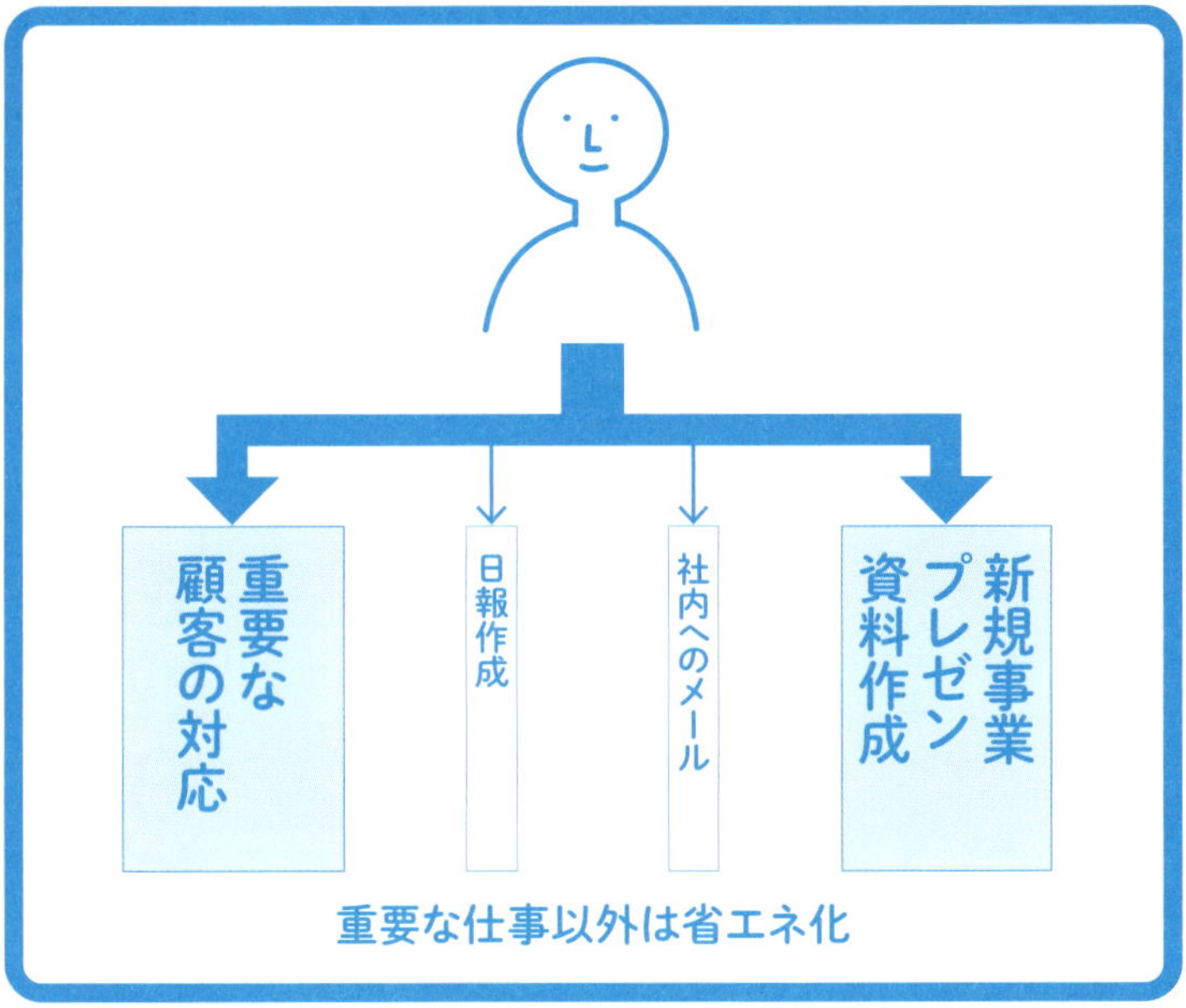
重要な顧客の対応
日報作成
社内へのメール
新規事業プレゼン資料作成
重要な仕事以外は省エネ化

実践

1. ルーティンワークについて、省エネでできる工夫を考える
2. 職場の仲間や本などから、雑用を工夫できる知恵を集める

08

完璧主義の人は
常にメールに気を取られている

上手に力を抜く人は
メールの活用ルールがある

Aさんはいつも PC ではメールソフトを開いていて、さらに外出先でも空き時間はスマホでメールをチェックして返信しています。

そのため、1日あたり250件のメールを受信し、100件のメールを返信しています。

そのやりとりには調べて返信したりするものも多く、残業が続いてヘトヘトになっています。

Bさんはというと、メールの洪水に巻き込まれていません。

ポイントは、朝9時、昼13時、夕方17時の3回だけメールの送受信をするように制限していることです。

返信メールを見ると、余計な言葉がなく、非常にさっぱりしている文面です。また、メールよりも電話のほうが早い時は電話をして解決しています。

その結果、同じ業務をしていながらも、受信メールは1日あたり150件、返信メールは60件です。AさんよりBさんのほうがメールの送受信量が少ないのです。

結果、Bさんは、Aさんよりも平均して2時間は早く帰っています。

メールの洪水に巻き込まれないようにする

完璧主義の人は、メールや電話、業務依頼などに対して丁寧に完璧に応えようとします。

上手に力を抜く人は、最重要の仕事を済ませるために時間を使います。メールに時間を使うより、実際に会いに行ったり、新しい提案を考えたりする時間を捻出しようとするのです。

メールに振り回されている人の特徴として、次の3つが挙げられます。

①メールをチェックしないと不安で仕方がないので、常にチェックしている
②電話や直接話せばすぐに済む内容をメールで伝えて何度もやりとりしている
③メールの文面が毎回丁寧で、1通あたりの送信にかける時間が長い

この3つのために、メールの送受信にかかる時間はどんどん膨れ上がって業務を圧迫しているのです。

メールは仕事において必須ツールです。しかし、振り回されるか、上手に使いこなすかで、仕事の効率は変わってきます。

完璧主義の人は
常にメールをチェックし、都度丁寧に対応する
↓
メールに振り回され、業務時間が圧迫される
ずっとメールばかりしている気がする
カタカタ

もしあなたに、常にメールチェックをする習慣があるならば、チェックの機会を「1時間に1回」「1日3回まで」など、減らすことをお勧めします。

上手に力を抜く人は

メールチェックにルールを設け、
電話や対面を駆使

↓

メール対応の時間を短縮できる!

実践

❶メールチェックにルールを設ける

❷できるだけ電話や対面での会話を活用する

09

完璧主義の人は
まとまった時間で仕事をする

上手に力を抜く人は
スキマ時間で細切れ仕事をする

あなたのTO DOリストに、次のようなタスクがあったとしましょう。
前提条件として、9時~17時までの間に、3社へ訪問をする営業を想定しています。

- 顧客A社へ訪問日程の調整電話
- 上司への商談報告
- 日報の作成
- B社への提案書作成
- メールの返信作業（20件）

あなたなら、どのように仕事を処理していきますか？

この中で、スキマ時間にできそうなことは、電話とメール返信です。

完璧主義の人の場合、その他の考える仕事はきちんと腰を据えて取り組もうと、オフィスでまとめて手をつけようとしがちです。

一方、上手に力を抜く人は、スキマ時間でもっと多くのことを済ませます。

たとえば、上司への報告は、外出先からメールで済ませておき、「詳細は帰ってから報告します」と打っておけば、報告時間は短くなります。

日報の作成であれば、訪問が終わるごとに追記していって、帰った時には最終チェックをするだけの状態にもできます。

B社への提案書は、

- **提案のメッセージを考える（移動の電車で考える）**
- **提案書の内容を手書きで書く（訪問と訪問の合間にカフェで20分集中して考える）**

仮にここまで手をつけていれば、帰社後、提案書をパワーポイントで作成するのみです。

残業が少なく、効率がいい人はスキマ時間を上手に活用しているのです。

特に外出の多い仕事だと、この差は大きく残業時間に影響してきます。

09

スキマ時間は意外に多い

私が企業のコンサルティングで主に営業の方を見ていると、スキマ時間は、移動時間、待ち時間を合わせて平均3時間はありました。

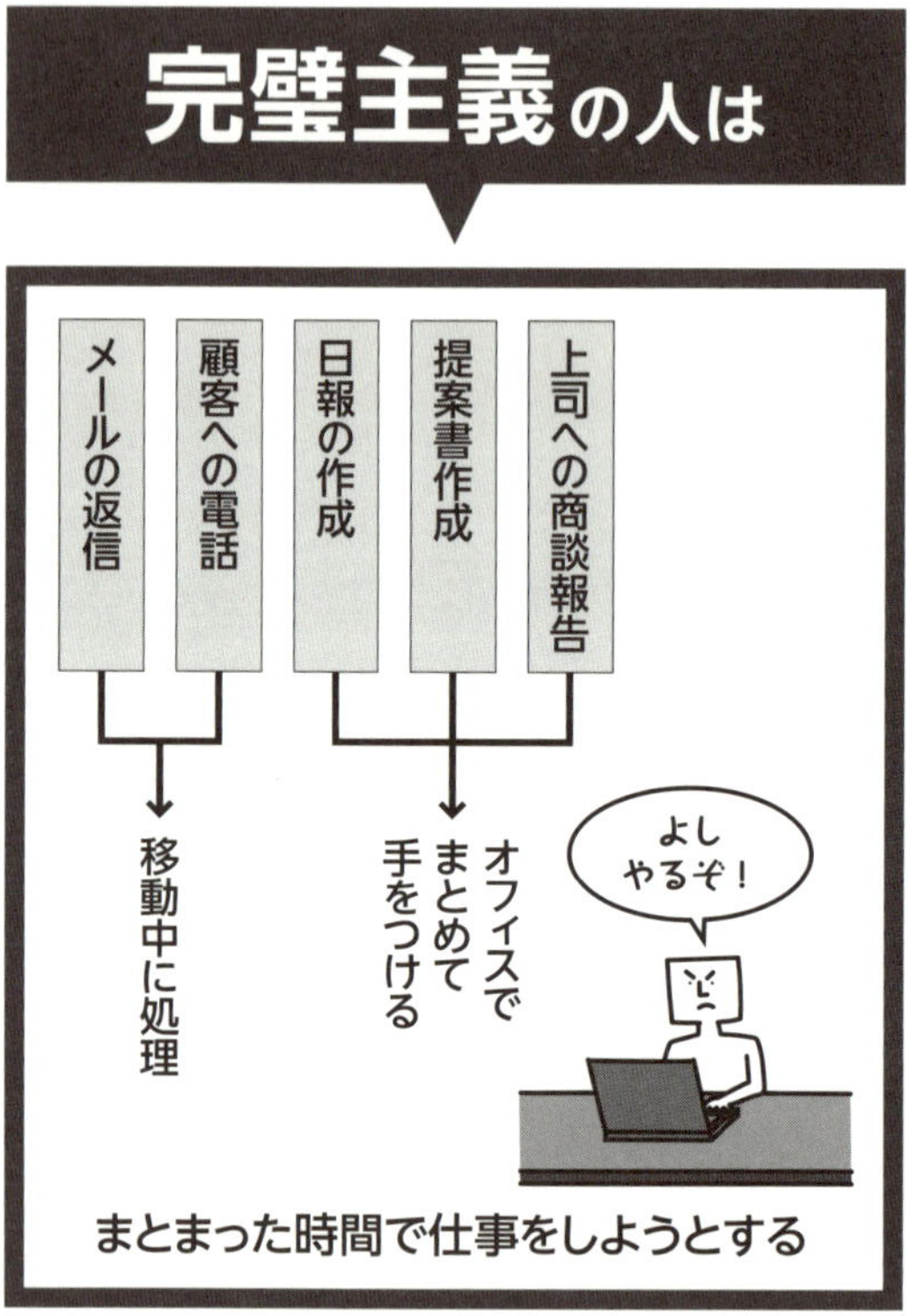

もちろん、この3時間は、30分まとまった時間がある場合もあれば、電車で移動中の10分や歩いている5分、車で移動中の20分などさまざまな場面の細切れ時間を合わせたものです。

だからこそ、オフィスの3時間とは異なり、使い方に工夫が必要です。

上手に力を抜く人は

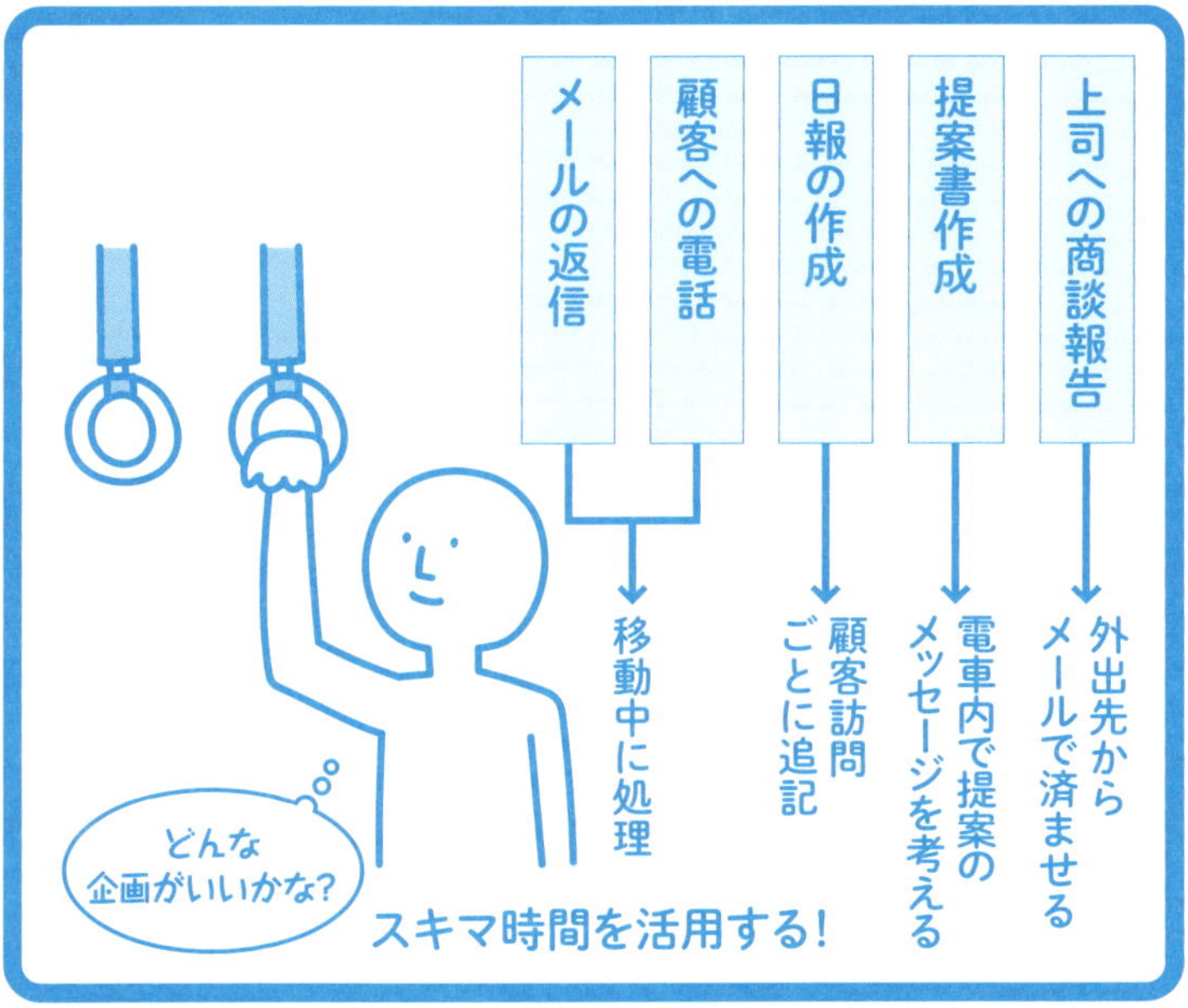
上司への商談報告
外出先からメールで済ませる
提案書作成
電車内で提案のメッセージを考える
日報の作成
顧客訪問ごとに追記
顧客への電話
メールの返信
移動中に処理
どんな企画がいいかな?
スキマ時間を活用する!

実践

1. 自分のスキマ時間がどれくらいあるか調査する
2. 待ち時間、電車移動といった場面とタスクを結びつける

10

完璧主義の人は
着手が遅く先延ばしする

上手に力を抜く人は
小さくはじめてすぐやる

人は、苦手な仕事や気が重い重要な仕事は、なるべく手をつけたくないので先延ばしにしがちです。この原因は、心理的な負荷が大きくなると、それを避けたくなることにあります。

完璧主義の人は、最初から完璧をイメージして取り組みはじめるため、苦手で気が重い仕事は、なおさら先延ばしにします。

たとえば、報告書を作成する時に、完璧主義の人は報告書が完成した状態をイメージします。そうすると、苦手な文章を書く作業、誤字脱字チェック、上司からのダメ出しなど、一気に面倒な手間が想像されるので、やる気が下がるのです。

一方、**上手に力を抜く人は、少しずつ積み上げて、最終的に完成させればいいという発想があるので、最初の一歩を小さくはじめることで、すぐに着手する**ことができます。

先ほどの例で言えば、まずは報告書のレイアウトづくりだけ集中して取りかかります。小さくはじめると、ストレスは少なく、少しずつ次の工程に進み、いつの間にか終わっていたりします。しかし、止まっていると、どんどん気が重くなり、納期が近づくにつれストレスは大きくなります。

タスクを細かく分け、5分でいいので手をつける

すぐやる習慣を身につけるためには、心理的な負荷をいかに下げるかがポイントです。そのためには、**「チャンクダウン」と、「ベビーステップ」ではじめることが有効です。**

チャンクダウンとは、行動を小さく分けていくことです。たとえば、「報告書を書く」をチャンクダウンしてみましょう。

①過去の報告資料から良い例を探す
②箇条書きでたたき台をつくる
③先輩に意見をもらう

10

④本文を書く
⑤誤字脱字チェックを事務の方にお願いする
⑥最終チェックする

このように行動を小さくすると、報告書を書くという大きな仕事のストレスから解放されて着手しやすくなります。

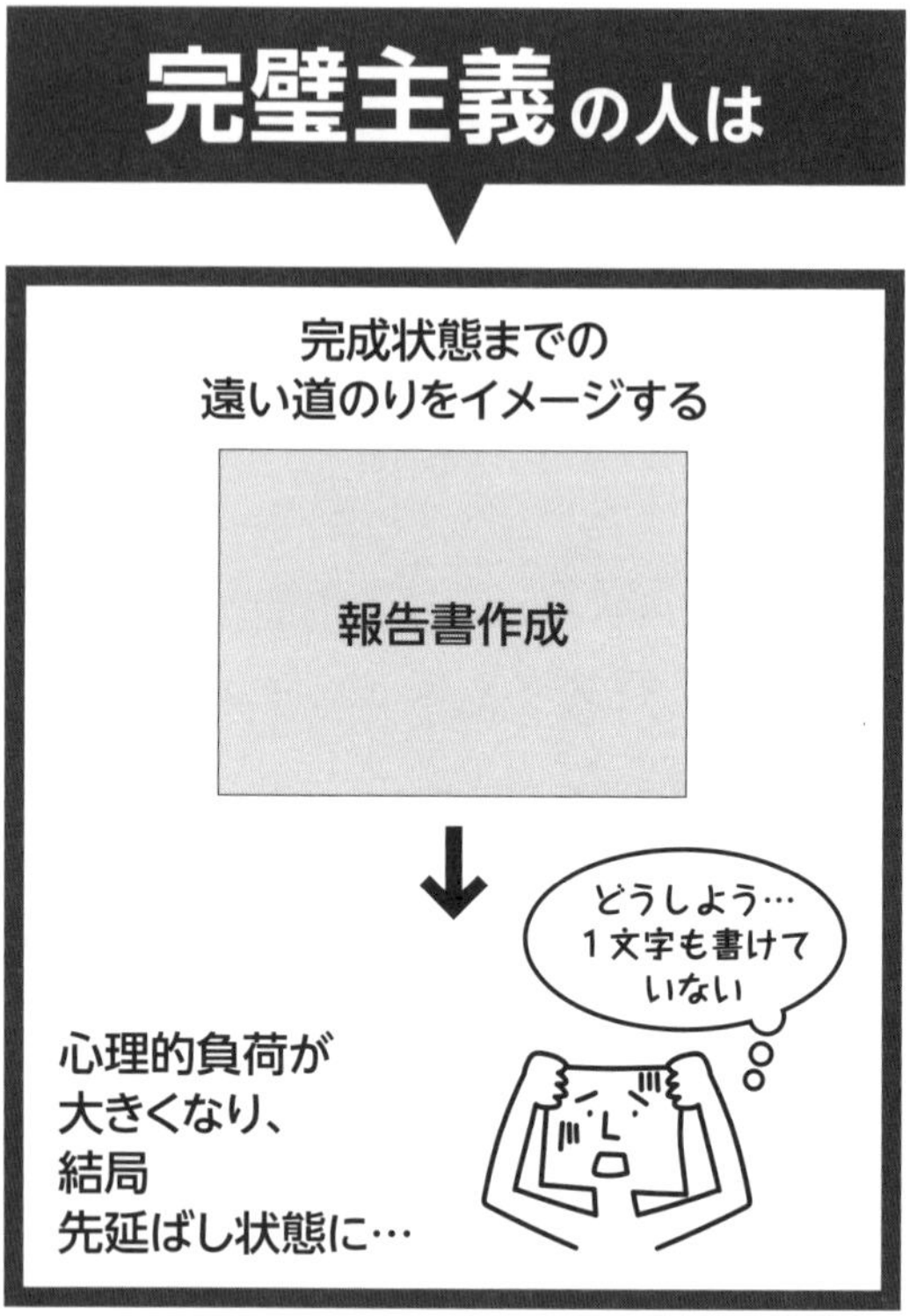

次に、ベビーステップです。これはハードルを下げて小さく踏み出すことを、「赤ちゃんの一歩で進む」というようにたとえた言葉です。たとえば、「過去の報告資料で良い例を探す」という作業を5分だけやってみるといった具合です。

上手に力を抜く人は

仕事をチャンクダウンし、小さな一歩から着手する

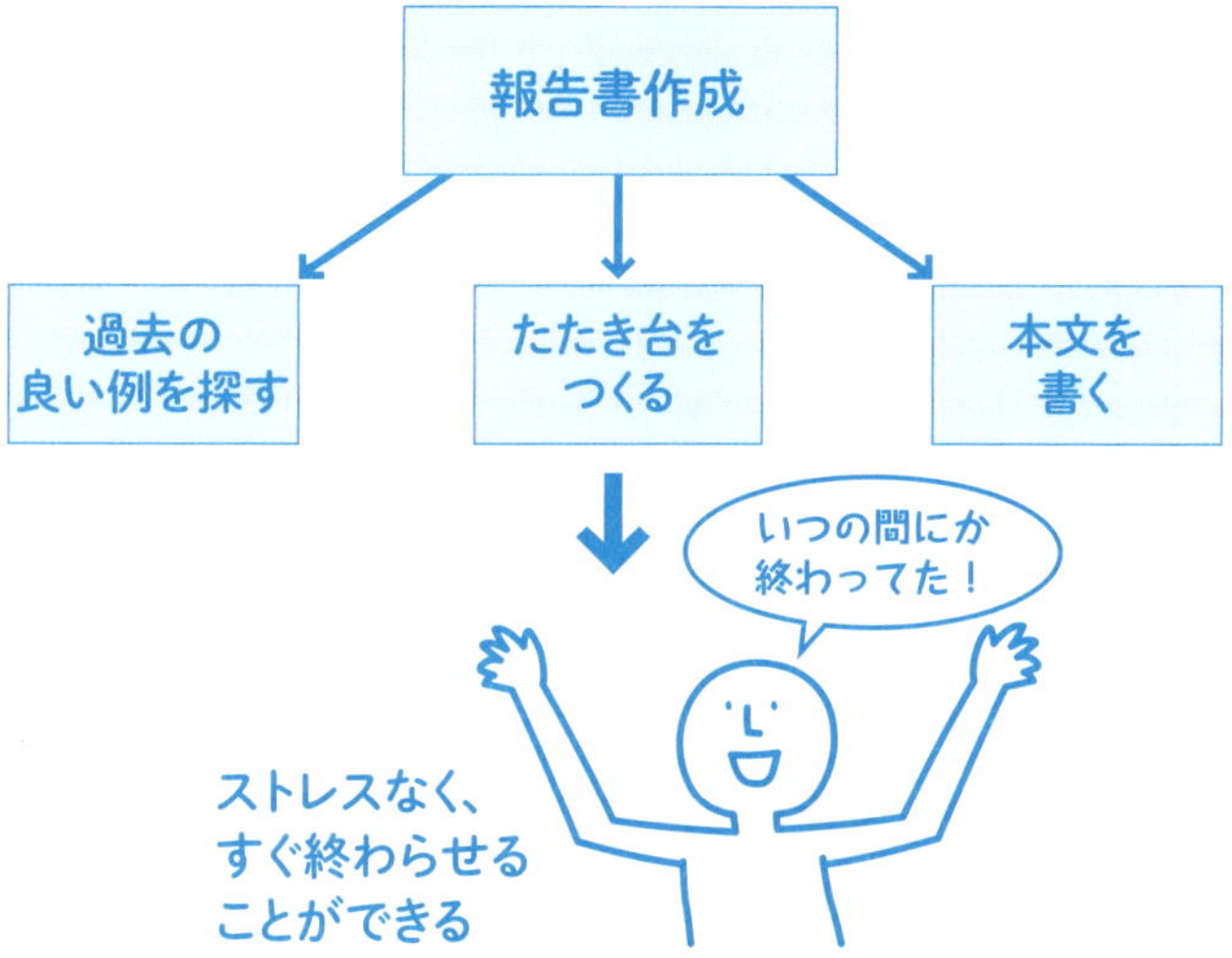
報告書作成
過去の良い例を探す
たたき台をつくる
本文を書く
いつの間にか終わってた！
ストレスなく、すぐ終わらせることができる

実践

❶チャンクダウンする
❷ベビーステップではじめる

COLUMN 1

項目

05

（38ページ）

のポイント

目先しか見えていない人は危険！

下の絵は、目先のことだけにとらわれると、結果的に足をすくわれてしまうことをわかりやすく描いたものです。

仕事においても、抱えている仕事の全体を把握して進めていかないと、最終的に重要な仕事の締切に間に合わないなど、取り返しのつかないことになります。

仕事を依頼してくる相手は、あなたの仕事のすべてを把握していません。**あなた自身で、1週間、1日の仕事の計画を立て、急な仕事を頼まれた場合などは、優先順位や納期の交渉を相手に持ちかける必要があります。**

目先のことだけ追っていて…

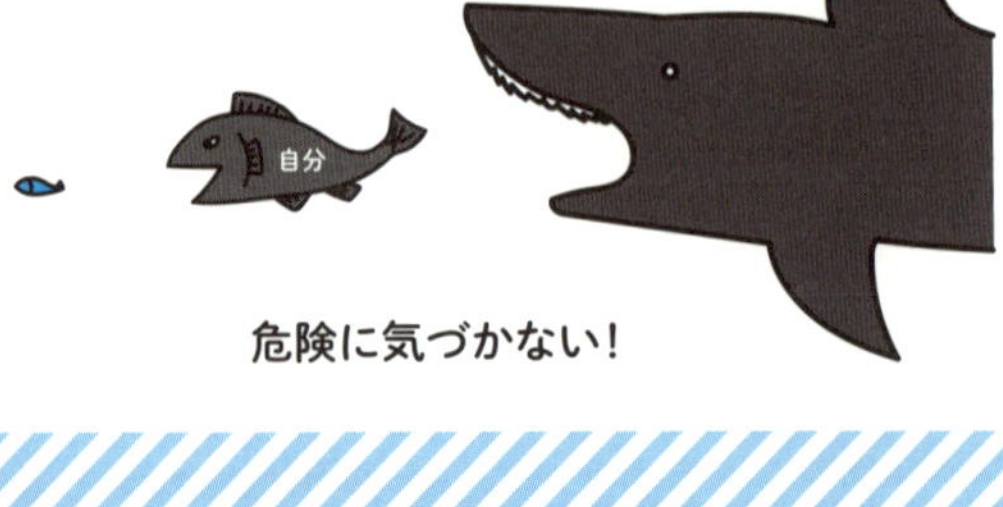

危険に気づかない！

第2章
「効果的な工夫」で成果を高める

11

完璧主義の人は
妥協することを許せない

上手に力を抜く人は
戦略的に妥協して最適化する

あなたは、次のような状況に置かれた時、どのように判断し、対応しますか?

現在15時で、19時から顧客との飲み会が入っています。この接待は今後の取引を発展させるために重要です。移動時間を考えると、18時に会社を出発する必要があります。

今は、上司から依頼された経営会議の資料を作成していて、今日18時が提出期限です。予定通りいけば、残り3時間で、情報収集、グラフ化、文章作成、最終チェックまでできそうです。

ここで突然、顧客から「商品が届かない」というクレームが入ってきました。工場とやりとりをして手配をし直さなければなりません。この作業に2時間はかかります。

完璧主義の人は、すべてを完璧に進めようとして混乱します。

一方、上手に力を抜く人は、次のような工夫をします。

まず、3時間で5時間分の仕事を終わらせるやり方を考え出します。**自力ですべてを行うことは不可能なので、他人の力を借りるのです。**

まず、上司に事情を説明し、経営会議資料を作成するメンバーを2名借ります。次に、自分が資料の大枠をつくる作業を1時間で済ませ、情報収集やパワーポイントの資料作成はメンバーに任せます。Aさんに情報収集、Bさんにパワーポイント作成というように振り分けるのです。さらに、2人に同時並行で作業を進めてもらうことで、1時間で資料ができます。

その間に納品トラブルの対応を済ませ、資料の最終チェックをして上司に提出します。

こうすれば、18時に会社を出て、顧客の接待に行くことができます。

大切なことは、**すべて自分ひとりで当初の予定通りのプロセスを進めたいという気持ちをおさえ、妥協しなければうまくいかない**ということです。

11

戦略的な妥協は最善主義の肝

上手に力を抜く人は、限られた時間で相手の要望を最大限満たすために、時間や人、エネルギーを効率的に使おうとします。そのために、**戦略的に切り捨てたり、諦めたり、ハードルを下げたりと当初の予定を柔軟に変えていきます。**

この最適化マインドがあれば、予定の変更は妥協ではなく戦略的なものになるのです。

完璧主義の人は

何かトラブルが起こった時…
あれもこれも全部自分で
対応しようとしてしまい、
結局どれも中途半端に終わってしまう

上手に力を抜く人は

何かトラブルが起こった時…

↓

妥協するポイントを決め、
他人の力を借りることで仕事を柔軟に処理する

実践

❶トラブルなど状況に応じて、妥協ポイントを見つける

❷限られた時間内で相手の要望を最大限満たすことを考える

12

完璧主義の人は
すべて網羅しようとする

上手に力を抜く人は
結果が出る部分を徹底する

中高生の時、定期的に中間・期末テストがありましたよね。その時のあなたの勉強法は、次のどちらに近いですか？

- **出題範囲の箇所を最初から順にすべて勉強する**
- **出題可能性の高い箇所を集中的に勉強する**

完璧主義の私は前者でした。

「何が出るかわからないから」

「一応すべてに目を通しておかないと」という漏れへの心配・不安、努力への美徳、切り捨てることへの恐怖から、試験までの時間はすべての範囲を網羅的に勉強していました。全力投球で試験範囲を勉強しないと気が済まなかったのです。

しかし、後者こそが最善主義であり、上手に力を抜くスタイルです。目的は良い点数を取ることなので、出題可能性の高いところを見極め、優先順位をつけて勉強するのです。

これはテストをひとつの例としたたとえ話なので、中長期的な学力という意味でどちらが正しいかはここでは置いておきます。ただ、**仕事や人生において、やりたいこと、やるべきことのすべてを網羅しようとすると、結局どっちつかずになってしまい、限られた時間で大きな成果を出すことは難しくなります。**

▼影響力の大きい仕事に注力するのが重要

パレートの法則をご存知でしょうか。80％の結果は20％の原因からもたらされるという法則です。私が多くの営業組織を見てきた経験では、「上位顧客20％が80％の売上をもたらしている」というのが、多くの業界で当てはまります。

しかし、完璧主義の人は、「20％の重要な顧客もその他のお客さまも大切だ」と、すべてのお客さまに同じ労力で営業活動をします。結果、小口の仕事に追われ、常に忙しいのです。

一方、**上手に力を抜く人は、上位20％のお客さまに徹底したアプローチをします。**また、上位20％になりそうなお客さまの開拓に時間を使い、限られた時間で大きな受注を得ます。

完璧主義の人は
まんべんなくすべてのポイントに全力投球する
アポイントが10件
9:00〜
10:00〜
11:00〜
12:00〜
13:00〜
14:00〜
15:00〜
16:00〜
17:00〜
18:00〜
お昼を食べる暇もないし、残業決定だなぁ…

決して、80％のお客さまをないがしろにするわけではありません。ただ、活動にメリハリがなければ、大きな案件を失注し、成果は上がりません。影響力の大きい仕事に注力することは、営業活動だけでなく、すべての仕事の効率化につながります。

上手に力を抜く人は

売上や成績を支える20%の最重要ポイントを見極め、そこに全力を注ぐ

アポイントは2件
10:00〜
14:00〜
それぞれ1時間前には準備をして応対しよう。終わったらお礼のメールをして、他の仕事を片づけたらちょうど定時だな

実践

1. 20%の最重要ポイントを見極める
2. その他は覚悟を決めてある程度手放す

13

完璧主義の人は
プロセス志向である

上手に力を抜く人は
目的志向である

私が営業部に配属されたばかりで接待の経験が乏しかった頃、先輩から、お客さまのビールがなくなったらすぐに注ぐように、料理がなくなったらすぐに皿を下げるようにと細かい指導をされていました。

そしてひと通りの気遣いができるようになったある接待でのことです。

大きな取引のあるお客さまの上役の方との接待だったので、部長も同席していた会でした。

いつものように、ビールがなくなっていないかどうかと目を配り、「次、何にしますか？」「何か召し上がりませんか？」と勧めていました。

私は気を遣い、うまくやっているつもりでしたが、接待が終わって部長に飲みに連れて行かれ、こんなふうに言われました。

「お前は、気を遣うことが接待だと思っていないか？」

部長は続けてこのように言いました。

「**接待の目的は、お客さまに楽しんでいただくことだ。お前のように気を遣いすぎると、相手にも気を遣わせてしまうので楽しめないだろう。**逆の立場ならどうだ？」

私はプロセスや手段にとらわれて、接待の本質である、お客さまに楽しんでもらうことを見失っていたのでした。

▼プロセス主義は視野狭窄を招く

私のように本質を見失ってしまう例は、形は違えど、あなたにも心当たりがあるのではないでしょうか？

特に完璧主義の人は、プロセスをきちんとしないと気が済まない人が多いので、本来の目的にかなっているかどうか、立ち返ってみることが重要です。

プロセスの完璧を目指すと、手順を正確にこなすことが目的化しがちです。

また、プロセスに没頭すると視野が狭くなり、結果として私のように目的や本質が見えなくなっていきます。

上手に力を抜く人は、目的を中心に考える習慣を持っています。目的から考えて必要なことだけにこだわることができるのです。

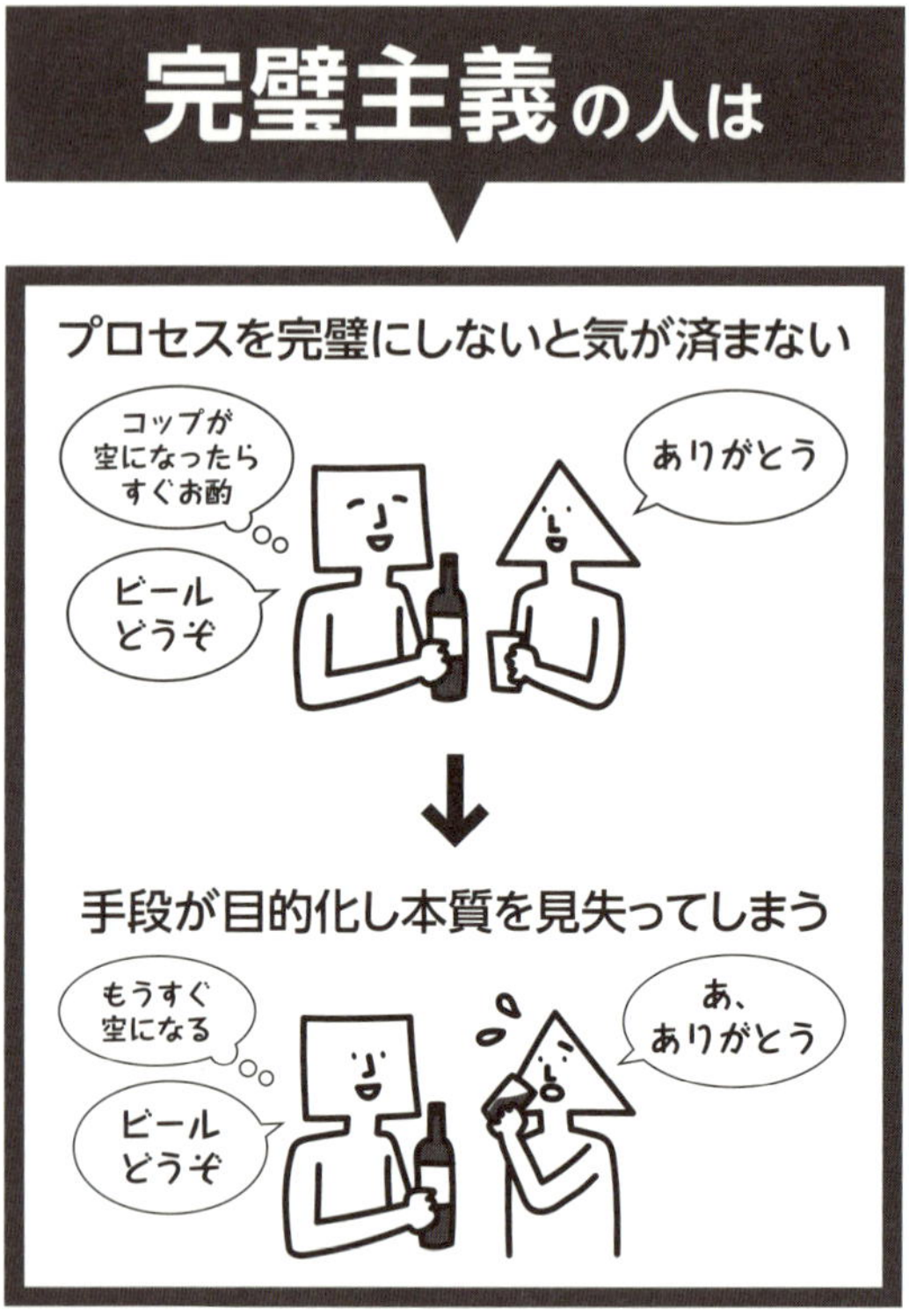
完璧主義の人は
プロセスを完璧にしないと気が済まない
コップが空になったらすぐお酌
ビールどうぞ
ありがとう
手段が目的化し本質を見失ってしまう
もうすぐ空になる
ビールどうぞ
あ、ありがとう

目的については、明確に言葉で答えられることが重要です。そのためには、「今回求められていることで一番重要なことは何か？」「相手はどんな資料をもらうと嬉しいのか？」といった質問を自分自身に何度も投げかけることを習慣にしてみてください。

上手に力を抜く人は

常に「目的は何か」ということを意識している

↓

プロセスにこだわらず、最善の手段を取ることができる

実践

❶目的・本質を考え抜く
❷相手の立場で想像する

14

完璧主義の人は
自分のこだわりからスタートする

上手に力を抜く人は
相手のニーズからスタートする

ある電機メーカーでプレゼンテーション研修を行いました。

集まったのは「課長昇進のためのプレゼン」を控えている主任20名でした。

10分間のプレゼンに向けて事前に資料を作成してもらったのですが、受講生の資料を見ていると、多くの人の資料の冒頭が「自部署紹介」や「自己紹介（長所・短所）」、最後の締めが「私の課題」「半年の活動」「会社への提言」などとなっていました。つまり、課長昇進のためのプレゼン資料になっていなかったのです。

なぜ、このような構成の資料になったかというと、それぞれが「自分をいかにアピールするか」「自分が何を伝えようか」というストーリー構成に独自のこだわりを持っていたからです。

そこで私は、次のような質問をしました。

「このプレゼンに出席する聞き手の目的は何でしょうか？」

すると皆さん、「うーん」と考え込んでしばらくして、「課長に昇進させていいかどうか判断するためでしょうか」と答えが返ってきました。

まさにその通りで、聞き手は、課長に昇進させるかどうかを判断できるだけの情報や内容がほしいのです。

ここをスタートラインに考えると、目標達成能力、問題解決力、部下のマネジメント力など必要な項目が出てきます。

相手のニーズから考え直した結果、受講生の資料は圧倒的に魅力的になりました。

▼自分のこだわりの強さを脇に置く

このプレゼンの例では、受講生が、もしも自分のこだわりのままプレゼンしていれば、昇進の率は圧倒的に下がったでしょう。

完璧主義の人は
自分をアピールしないといけないから情熱や想いを伝えよう！！
自分のこだわりを重視するため、相手の求めるものと食い違ってしまう

ここでの問題は、自分たちのこだわりにとらわれて、大切な聞き手のニーズが見落とされたことでした。しかも、一度構成を決めてしまうと、周りからアドバイスを受けても自分のストーリーに固執してなかなか変更できないというケースはたくさんあります。

だからこそ、自分のこだわりを脇に置いて相手のニーズからスタートして考えるという思考習慣が必要なのです。

相手のニーズからスタートしていない仕事は、どんなに時間をかけてがんばってもツボを外しているので効果は出ません。逆にニーズを明確にとらえている人は効果的な仕事ができるのです。

上手に力を抜く人は

相手のニーズから構成を決めるため、
期待通りの成果を上げられる

実践

❶相手は何を求めているのかを考える

❷ニーズから逆算して考える

15

完璧主義の人は
前例通りにがんばる

上手に力を抜く人は
独創的に工夫する

私が以前個人コンサルティングを行っていた、ある注文住宅の営業マン・Aさんの例をご紹介します。

Aさんはがんばり屋で真面目な営業マンです。朝は7時には出社し、夜は遅くまでひたむきにがんばっています。

Aさんは、展示場に来場されたお客さまと話をして、次のアポイントを取るというアプローチ方法で営業活動をしていました。しかし、1年近く経ってもうまく売れず、焦りが空回りして、自分のスキル不足が問題なんだと自信をなくしていました。

そこで私は、

「社内でトップの成績を上げている3人にインタビューしてきてください」

と課題を出しました。

結果、共通していたのは「紹介をもらっている」ということでした。

あるひとりのトップセールスマンは、不動産会社と提携して、そこからお客さまを紹介してもらっていたそうです。

これだけで、年間の目標をゆうに超えるということでした。

ちなみに、展示場に来訪したお客さまの成約率は2％で、この不動産会社からの紹介の場合は25％。

前者の営業をしていると、計算上、成約に至るのは50人にひとりですが、後者の紹介営業であれば、お客さまの4人にひとりから契約してもらえるということです。

スキルの差はもちろんあるでしょう。しかし、本質的な違いは、確率の悪い商談をたくさん繰り返すという活動にあったのです。

結果、Aさんは、紹介がもらえる先を開拓する営業活動を中心に据えることにして、効率が圧倒的に高まりました。

15

前例思考を捨てよう

完璧主義の人は、Aさんのように安心・安全のために前例主義で考える傾向があります。

一方、先の例のトップセールスマンは、信頼関係がなく購入意思が未確定なターゲットではなく、すでに紹介元との間に信頼関係があり、かつ購入意思の強いターゲットはいないかと考え、不動産会社とのパイプを強くしていたのです。

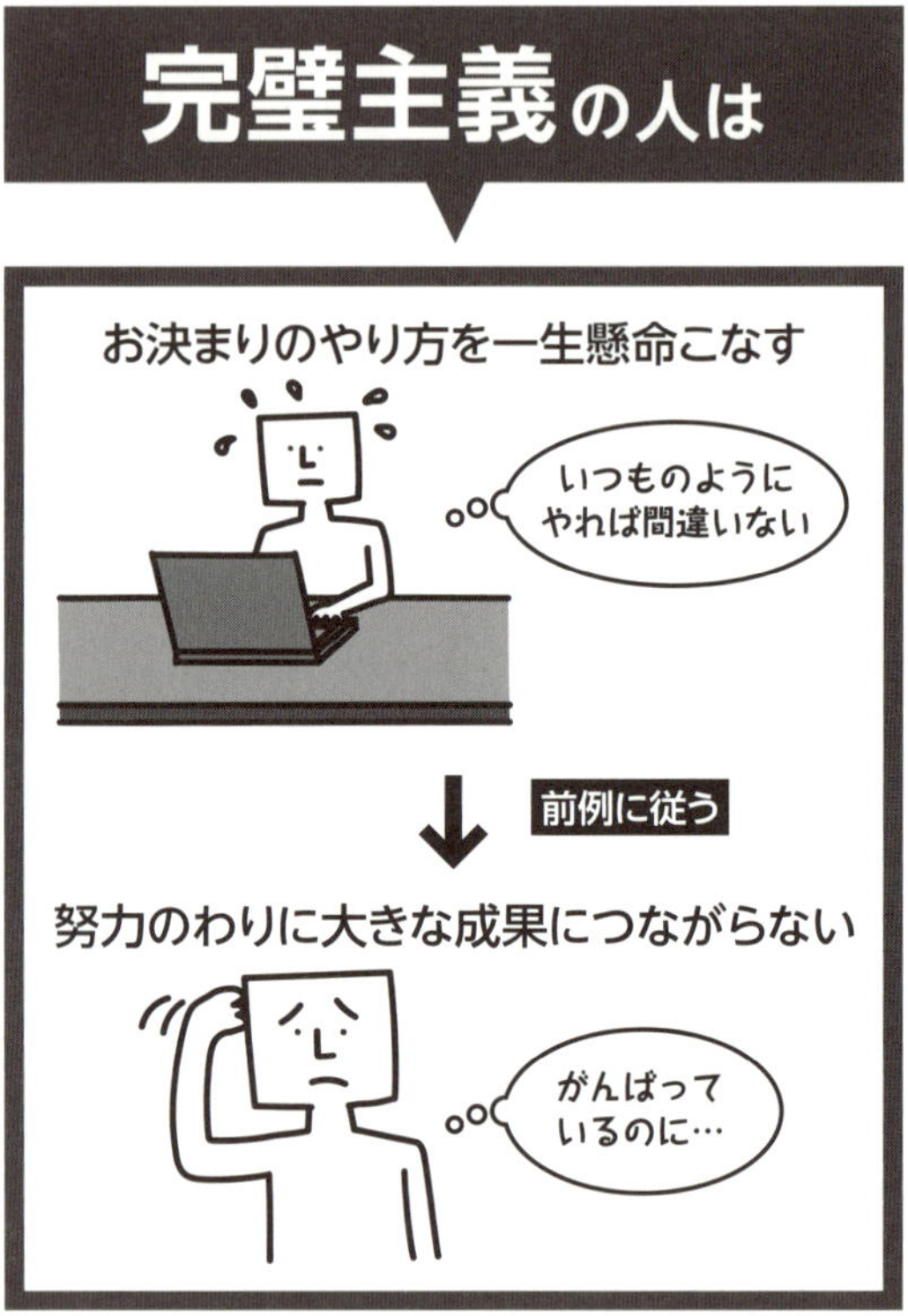
完璧主義の人は
お決まりのやり方を一生懸命こなす
いつものようにやれば間違いない
前例に従う
努力のわりに大きな成果につながらない
がんばっているのに…

前例や、皆と同じやり方ではなく、成果を出すための独創的な方法を考えることで、仕事の成果は高まります。

上手に力を抜く人は

「もっと工夫できることはないか？」を常に考えている

実践

❶最も成果を出している人にインタビューする

❷抜本的にやり方を見直すイノベーションの方法を考える

16

完璧主義の人は
弱点を克服しようとする

上手に力を抜く人は
強みを活かす

R・H・リブズ博士の「動物学校」というおとぎ話をご紹介します。

昔々、動物たちは、新しい世界のさまざまな社会問題を解決するため、学校を設立することにした。そして、学校を円滑に運営するため、すべての動物に、かけっこ、木登り、水泳、飛行の4科目の履修を義務づけた。

アヒルは、水泳の成績は優秀だった。飛行もいい成績だったが、かけっこは苦手だった。それを補うために、放課後居残りをさせられ、水泳の授業時間まで削って、かけっこの練習をさせられた。やがて、足の水かきがすり減り、水泳も平凡な成績に落ちた。しかし、学校は平均的な成績でいいとされていたので、アヒル本人以外は、誰もこのことを気にかけなかった。

ウサギは、かけっこにかけては最初から優等生だったが、水泳が苦手で居残り授業ばかりさせられているうちに、神経衰弱を起こしてしまった。

リスは木登り上手だったが、飛行の授業では、木の上からではなく、地上から飛べと先生に強制され、ストレスがたまる一方だった。疲労困憊の末、肉離れを起こし、やがて木登りはC、かけっこもDにまで落ちた。

欠点修正に終始しない

完璧主義の人は、マイナス部分に目がいくので、自分の欠点が気になります。

たとえば、学校の成績で言えば、3や2の評価をいかに上げるかという発想になりがちです。確かに欠点修正、弱点克服はある程度バランスが求められる組織社会では必要です。

しかし、バランスを良くするだけで、成果を高めるには限界があります。

その証拠に、**上手に力を抜く人は、強み・得意を活かしている人が多いのです。**

たとえば営業マンで、人と長くお付き合いすることが得意な人は、つながりを維持するた

16

めに、お客さまと交流会の場を持つようにしています。

行動力が強みな人は、たくさんの見込み顧客と会う戦略を取って、とにかく動くことを武器にしています。

緻密な戦略を練ることが強みな人は、成約率が高まる戦略を徹底して考えて、ムダのない動きをしています。

それぞれの強みに合った方法を取っている人は圧倒的な成果を出しているのです。

正解はひとつではありません。

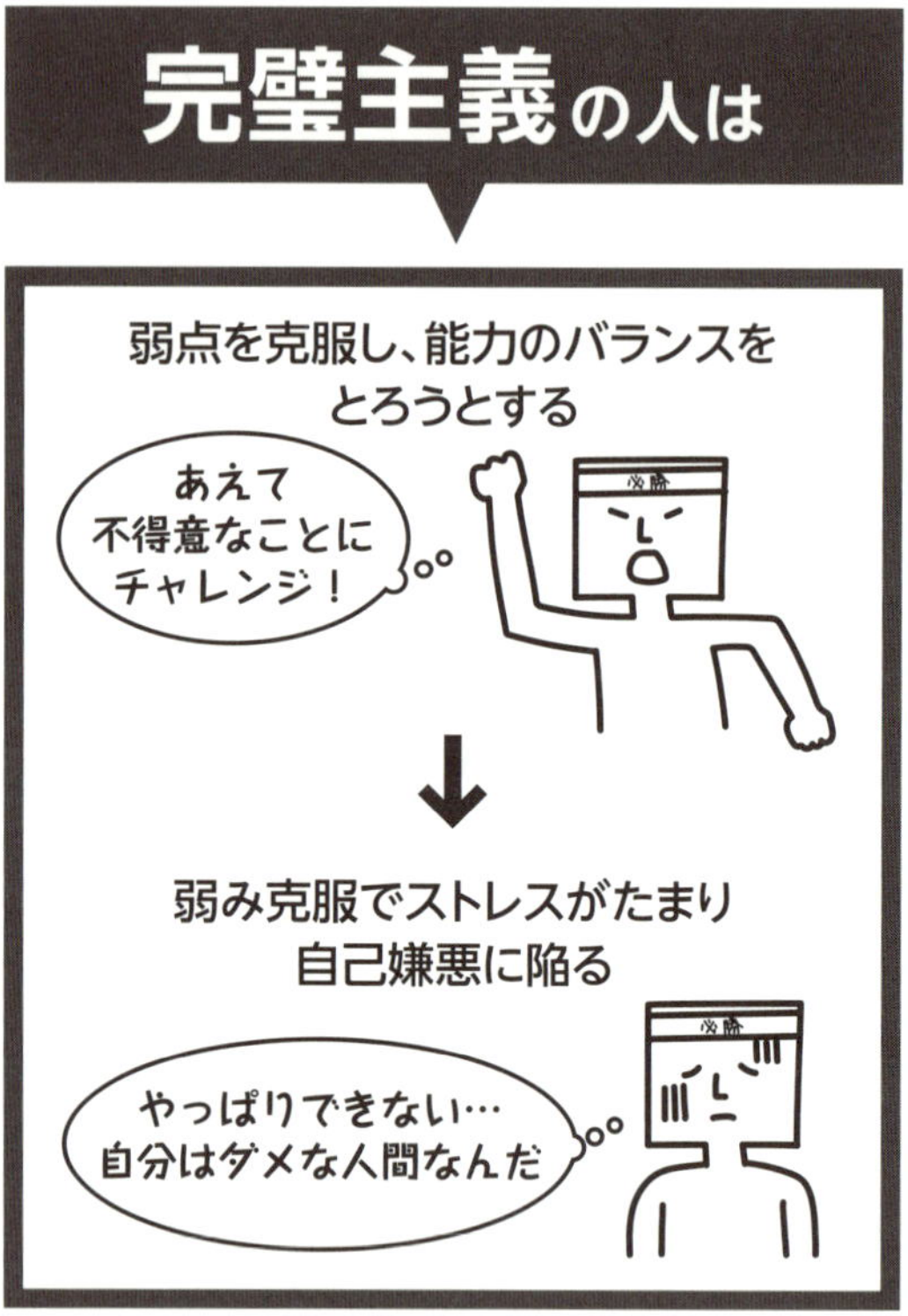

完璧主義の人は
弱点を克服し、能力のバランスをとろうとする
あえて不得意なことにチャレンジ！
必勝
弱み克服でストレスがたまり自己嫌悪に陥る
必勝
やっぱりできない…自分はダメな人間なんだ

上手に力を抜く人は

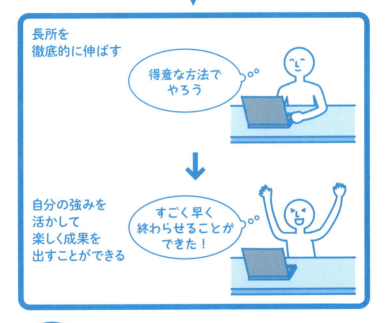

長所を
徹底的に伸ばす

得意な方法で
やろう

↓

自分の強みを
活かして
楽しく成果を
出すことができる

すごく早く
終わらせることが
できた！

実践

1. 強み・長所を発見する
2. 強みを活かした成長戦略を考える

17

完璧主義の人は
今までのやり方に固執する

上手に力を抜く人は
新しいやり方を試してみる

ＳＡＰというドイツのソフトウェア会社は、マイクロソフト、オラクルに次ぐ、世界３位の会社です。この会社に、世界７万人中のＴＯＰ２％に７年連続で選ばれ続けた金田博之さんという方がいます。彼と対談した時に、次のようなエピソードを語ってくれました。

１年目、一流大学を卒業してきた同期が花形業務に就く中、彼はセミナー運営管理業務を担当しました。その業務は、彼の希望していた業務内容とはかけ離れたルーチンワークでした。

しかし、彼はふて腐れず、与えられた場所で最高の仕事をする決意をし、**踏襲されている**

業務フローがなぜこの手順になっているのか、もっと他に良いやり方があるのではないかと模索したのです。

そして、業務改善したところ、手作業で1週間かかっていた業務をたったの数分にまで短縮でき、コストも大幅に削減できました。しかもその他の業務のツールとしても役立ちました。

この工夫により、彼は1年目にして社長賞を得たのです。

新しいやり方で変化領域に飛び出す

人は変化を恐れ、現状維持を好みます。

だから、ちょっとしたことでも慣れ親しんだ場所、人間関係、仕組み、やり方に固執します。さらに完璧主義の人であれば、失敗を恐れるので、変化を避ける傾向が強いのです。

そのため、今までのやり方が古く、非効率になっていて、周りが新しいやり方に移行しても、自分だけは古いやり方にしがみついていることがあります。

まずは、スケジュール管理の手帳を変えてみる、ノートの取り方を変えてみるなど、小さなやり方、工夫からはじめてみましょう。小さな変化を生み出すことに慣れると、どんどん

17

変化への恐怖と不安は少なくなっていきます。

また、**新しいやり方を工夫すると仕事は創造性にあふれて、楽しいものになります。**

今やっている仕事が退屈でマンネリ化しているなら、新しいやり方を試して、60分かかっていた仕事を40分で終わらせる工夫をすると良いでしょう。新しいやり方を試すことは、日常の業務でも、圧倒的な成果を手にすることができる可能性を秘めています。

日頃から少しずつ、新しいことに挑戦していくことをお勧めします。

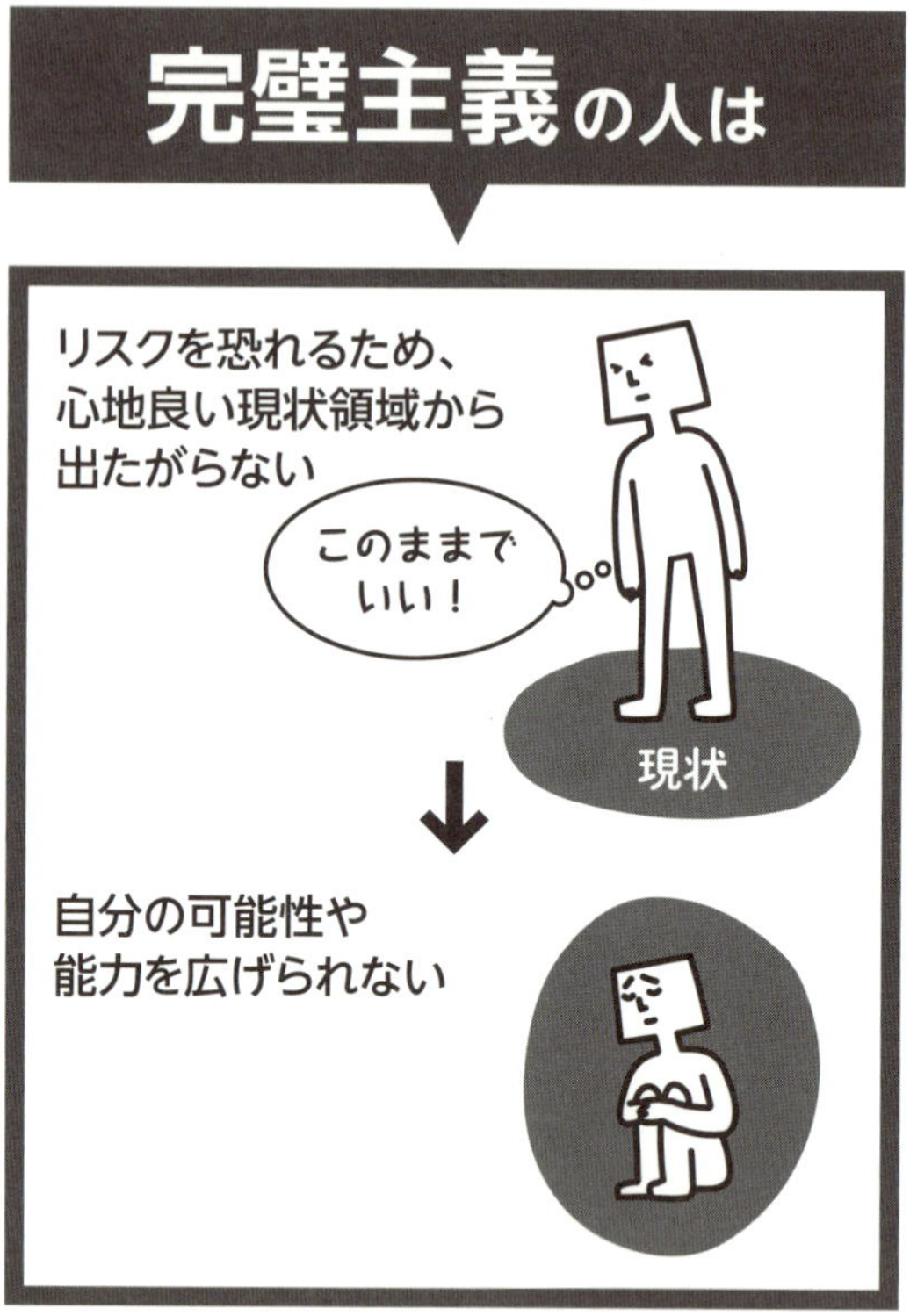
完璧主義の人は
リスクを恐れるため、
心地良い現状領域から
出たがらない
このままで
いい！
現状
自分の可能性や
能力を広げられない

上手に力を抜く人は

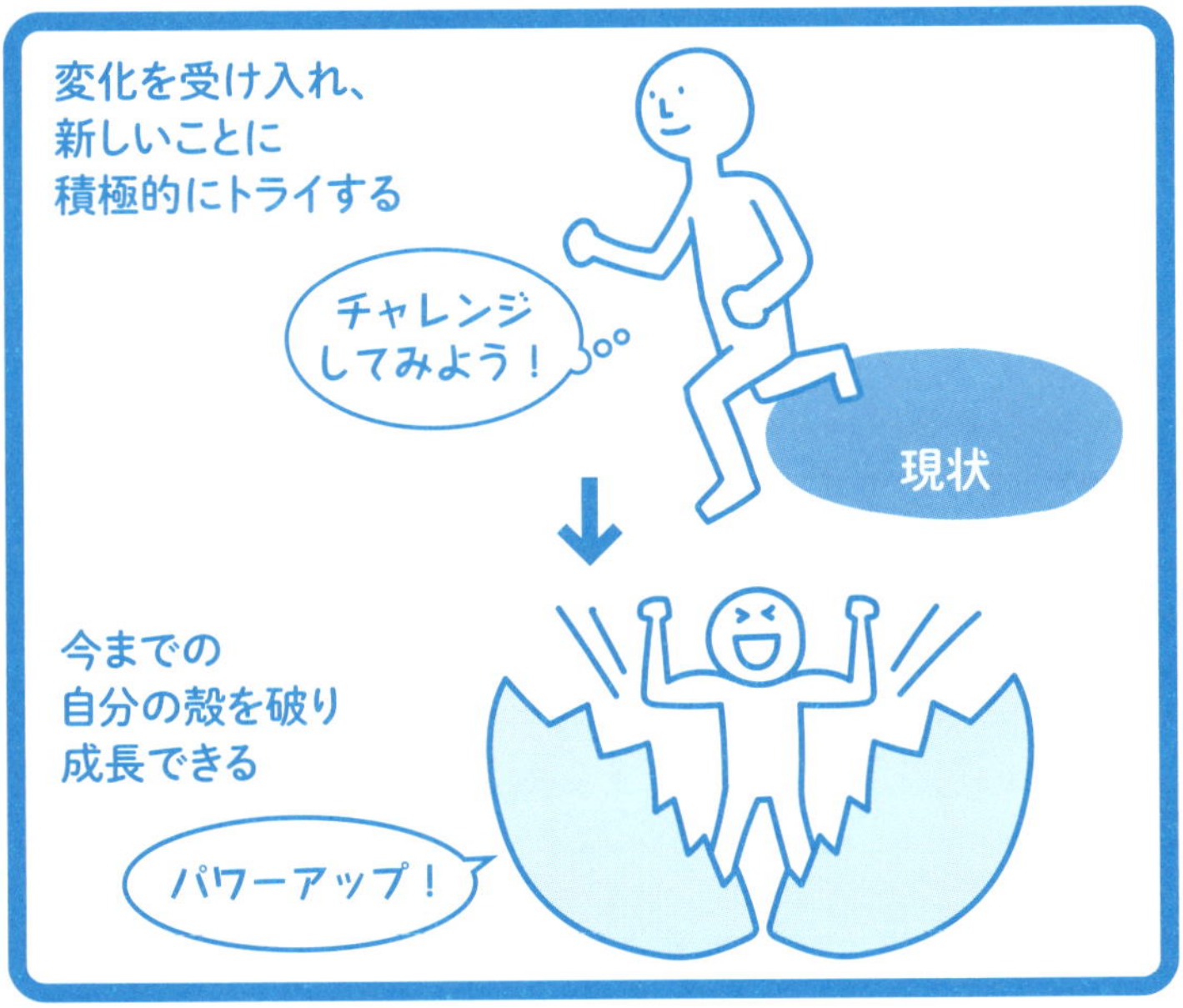

実践

1. 常に新しいやり方を考える
2. 1日ひとつ、新しい改善をする

COLUMN 2

項目
17
(88ページ)
のポイント

現状領域とは？　変化領域とは？

現状領域とは、変化のない世界、安心で安全な領域です。

たとえば、「自分の能力の範囲で確実にできる仕事をこなす」「いつも全く同じ行動パターンを繰り返す」「気心の知れた仲間と過ごす」などです。

すごく快適で安心ですが、ずっと安住すると退屈さや成長感のなさも同時に味わってしまいます。

一方、変化領域とは未知の世界です。

たとえば、「まだやったことのないはじめての仕事」「自分の能力を最大限発揮してもうまくいくかどうかわからない挑戦」「これまでとは違った世界の人との出会い」などです。

この領域に進むには、失敗のリスクや恐怖、不安がつきものです。居心地はとても悪いのですが、この領域にこそ成長があります。

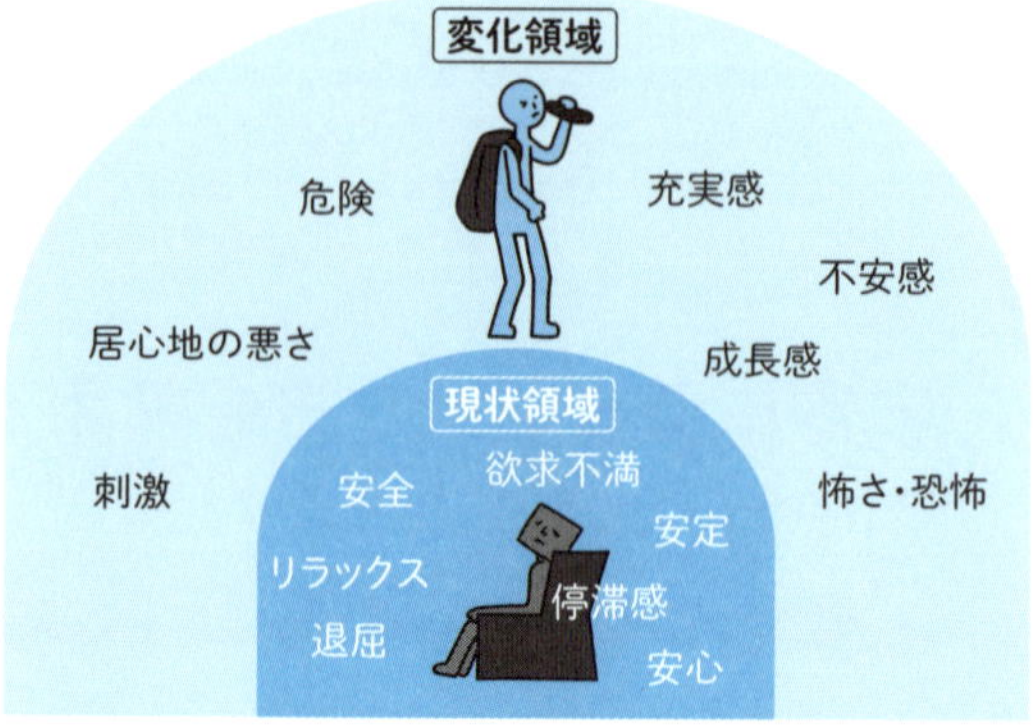

第3章

「失敗を恐れず」行動する

18

完璧主義の人は
石橋をたたいて渡る

上手に力を抜く人は
見切り発車する

「週末起業をはじめたい」と、2人の方が私のところに相談に訪れました。

ひとりめのAさんは、メーカーの経理部に勤める慎重な性格の持ち主の方でした。

はじめたい事業を決めた後、すべてのことに対して、「まずは情報を集めてから」「良いやり方を勉強してから」と慎重です。

ホームページ作成、ブログ・メルマガ発信、セミナー開催と、事業を軌道に乗せるにはやることが目白押しなのですが、一向に進みません。

一方、Bさんは自動車関連メーカーの事務の方で、思ったらすぐに行動する人です。

未経験のことでも試行錯誤しながら進んでいきます。

ホームページは、モデルとなるサイトを1日で絞り込み、業者に発注しました。ブログはとりあえずタイトルを決めて、雑な記事ではありますが、毎日の習慣としてスタートを切りました。セミナー開催は、とりあえず日程と会場を押さえてしまうという行動の早さです。

さて、1年後、どうなったでしょうか？

Aさんは、ようやくホームページを完成させましたが、ブログははじまって2カ月足らずでページビューは30ぐらいです。メルマガに至っては、良いタイトルが考えつかないといって、まだスタートしていません。セミナーは、「話すのが苦手」という理由で開催をずっと躊躇しています。

Bさんには、すでに収益が生まれていました。

この1年でセミナーは5回開催、毎回の参加者数は5名前後と少数ですが、その後のコンサルティングサービスの契約につながっています。

また、メルマガもブログも習慣化しているおかげで、メルマガの登録者は500を超えていました。最近では1件、雑誌社から取材の依頼も来て、メディア実績も生まれたそうです。

18

完璧主義は挑戦に弱い

この例の通り、完璧主義思考の人は、リスクや失敗に敏感な傾向があります。

定型業務をミスなく終わらせるには、プロセスに忠実な完璧主義思考は有効なのですが、**自分の能力を超える未知な仕事の時は、時に見切り発車することが必要です。**

見切り発車で動き、トライアンドエラーを繰り返すことで道はどんどん開けていきます。

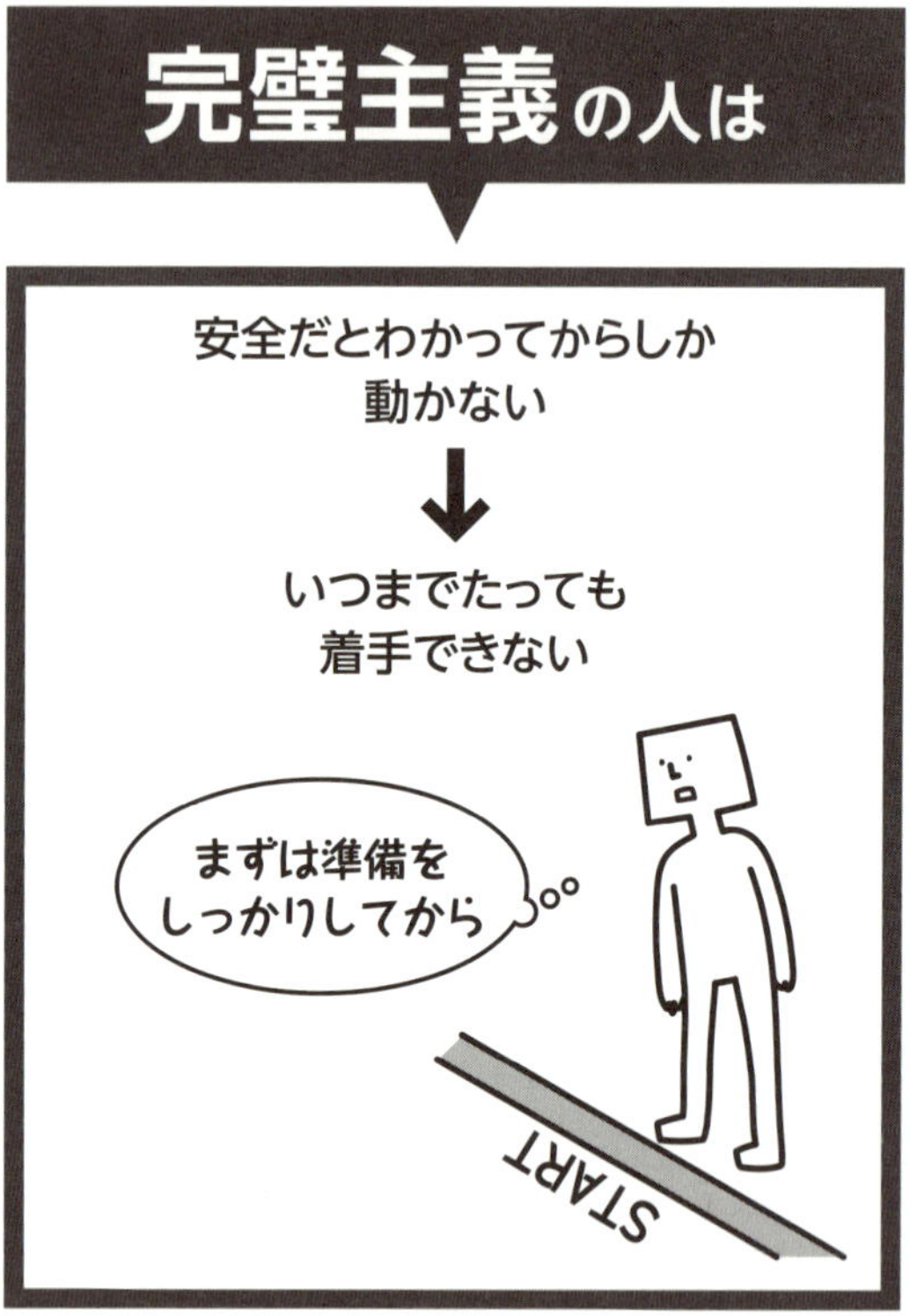

完璧主義の人は
安全だとわかってからしか動かない
↓
いつまでたっても着手できない
まずは準備をしっかりしてから
START

上手に力を抜く人は

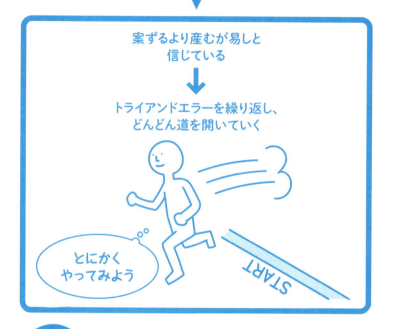

案ずるより産むが易しと
信じている

↓

トライアンドエラーを繰り返し、
どんどん道を開いていく

とにかく
やってみよう
START

実践

❶まずやると決めて、とりあえずスケジュールに入れる

❷まず試しで動いて、本格化させる

19

完璧主義の人は
いきなり完璧を目指す

上手に力を抜く人は
まずたたき台をつくる

元タカラトミーアーツ勤務で、入社1年目に貯金箱「人生銀行」を企画し大ヒットさせた、現在はフリーのプランナーとして活動中の遠藤千咲さん。

彼女は雑誌『日経ウーマン』が主催する「ウーマン・オブ・ザ・イヤー2008」に輝きました。

私は以前、遠藤さんにインタビューする機会を得て、そこで大ヒットの企画をつくるコツを聞きました。その時に教えてくれたのが、**企画は、まず「ふわっとつくる」**ということです。

「ふわっと企画をつくる」とは、企画の大枠をつくったらあえて詳細はつくりすぎずに、大枠を基に上司やメンバーと話をするということです。

遠藤さんは「がんばり屋の後輩で、細かい部分まで一生懸命つくってくる子がいますが、変更したり、アドバイスをするのが忍びなくなる。それよりは緩く出してくれればアイデアを提案する余地があってアドバイスしやすい」とおっしゃっていました。

たたき台は完璧につくりすぎないほうがいいということです。時間もかかりますし、修正や詳細をつくる時間も削られます。また、大枠だけ緩くつくっておけば、相談相手もアイデアを出しやすくなります。

プロトタイプ（試作品）思考でいこう

同じことが、他の仕事でも言えます。

たとえば、上司に報告書を依頼されたとします。完璧主義の人は、細かい部分までつくらないと伝わらないのではないかと不安になり、つい時間をかけてつくってしまいます。そして、期限直前に上司に提出したものの、「こうじゃないんだよね」と言われたら、徹夜で一気に修正ということになります。

19

上手に力を抜く人は、先程の遠藤さんの例と同様、簡単にたたき台をつくって調整します。

必要なのは、**たたき台をつくる時に、大枠と詳細を明確に区別して、詳細は省く勇気です。**

どうしても細かい部分に目がいきがちですが、概略が伝わればいいのです。

こうして、たたき台をブラッシュアップしながら進める考え方を、「プロトタイプ（試作品）思考」と言います。

メーカーでは、本製品にする前に試作品をつくり、事前に方向性をすり合わせます。

そうすれば、相手の希望を確認でき、力の入れどころと抜きどころがわかるからです。

上手に力を抜く人は

簡単なたたき台をつくり、
グループメンバーと
細かい部分を
詰めていく

企画書

↓

事前に方向性を
すり合わせることが
できているので、
スムーズに事が進む

いかがでしょう？
企画
いいね！OK！

実践

❶たたき台は30%ぐらいの緩さにとどめる

❷プロトタイプ思考を持つ

20

完璧主義の人は

一発勝負で考える

上手に力を抜く人は

確率論で考える

勝間和代さんは、著書『「有名人になる」ということ』（ディスカヴァー）で、次のように「ジャンケンの法則」について定義しています。

さまざまなチャレンジはすべて確率論です。すなわち、確率が低い勝負であってもそれを繰り返し行っていけば、いつかは負ける確率が下がってどこかで勝てるのです。

ただ、多くの人はそのような努力を50回、あるいは１００回は続けません。しかし、もしチャレンジしても特に失うものがなければ、勝負をし続けることです。

そうすれば必ず勝てます。私は多くの有名タレントや有名経営者にインタビューする機会を得ましたが、ほんとうに、すべての人に共通するのが、この「じゃんけん、じゃんけん、またじゃんけん」の精神です。

私は、最初の本を出版する際に、企画書を作成し、33社に送りました。その結果、11社の編集者の方からご連絡をいただき、お会いして最初の出版社を決めました。

もともと営業をしていた私は、確率100％のアプローチはないと考えていたので、確率論で考え、じゃんけんをたくさんしたのです。

▼打ち手を複数持つようにする

完璧主義の人は、ひとつの打ち手で失敗しないようにがんばります。失敗を恐れるあまり、数を試すことを忘れてしまいがちなのです。

上手に力を抜く人は、ひとつのことに100％を求めず、失敗も受け入れながら、いくつかの施策を試し、全体でうまくいけばいいと考えます。

ベンチャー企業に投資して、その投資収益で稼ぐことを生業としている、ベンチャーキャピタルがあります。彼らは、絶対にひとつの企業への投資でうまくいくとは考えません。10社あれば、全くダメな会社が中に2社あっても、将来化ける会社が2社あればいいと、複数同時に投資をします。これが、ポートフォリオ思考です。

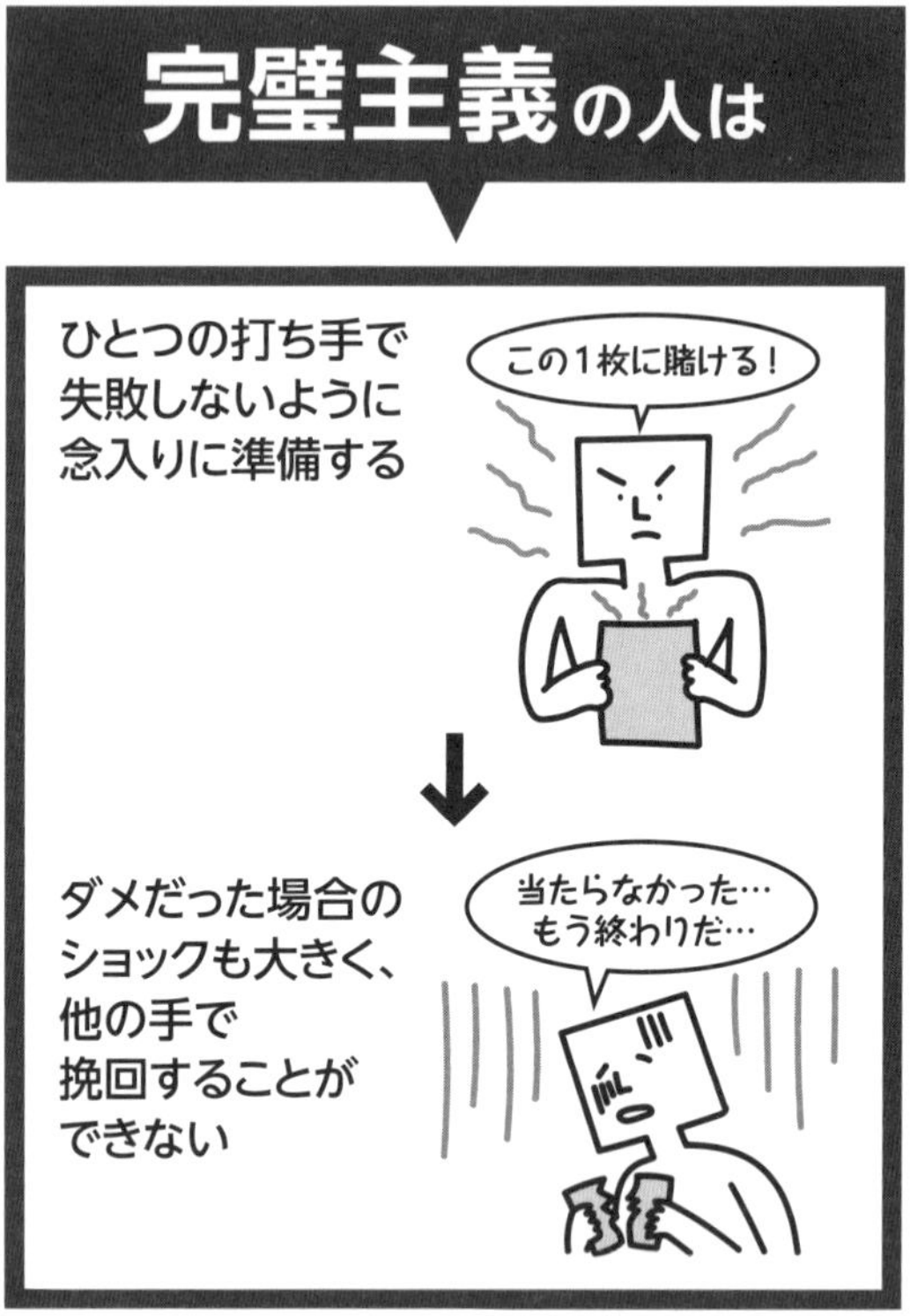
完璧主義の人は
ひとつの打ち手で失敗しないように念入りに準備する
この1枚に賭ける！
ダメだった場合のショックも大きく、他の手で挽回することができない
当たらなかった…もう終わりだ…

ビジネスで新しい事業やサービスがうまくいくかどうかは、所詮やってみないとわかりません。新しい仕事のやり方、工夫も同じです。

トライアンドエラーなので、やはり確率論なのです。

上手に力を抜く人は

ひとつの打ち手で
100%を目指さず、
とにかくたくさん
数を試す

どれか1枚でも
当たるといいな

↓

どれかひとつが
うまくいけば、
成果を上げることが
できる

やった！
1枚当たった！

実践

1. ダメモトで、まずは小さくたくさん試す
2. 失敗を受け入れ、チャレンジし続ける

21

完璧主義の人は心が折れやすい

上手に力を抜く人は徐々に精度を上げる

孫泰蔵さん（孫正義さんの実弟）は、ガンホーの創業者で「パズル&ドラゴンズ」（パズドラ）をヒットさせました。

パズドラをヒットさせるまでには、長い年月がかかっているのですが、そのことはあまり知られていません。

実は、同社は、ケータイゲームの会社がどんどん撤退していった中、開発を根気強く続けたことで成功を収めたのです。

孫泰蔵さんは、これを**がっかりタイムを乗り切る**と表現しています。がっかりタイムとは、次のようなものです。

努力と成果はすぐに直結すると考えがちですが、実際は努力し、粘り強く続けた結果、一気に成果が出はじめるタイミング（ぶっちぎりポイント）がやってくるという発想です。

新しいことにチャレンジしようとする時は、試行錯誤の繰り返しの過程で徐々にうまくいくようになるものです。

だからこそ、その試行錯誤をどれくらい長く続けられるかで、仕事の上達も変わってきます。

▼少しずつブラッシュアップしていけばいい

仕事では「うまくいかない……」という事態とたくさん向き合う必要があります。

完璧主義の人は、今日1日の結果について、「できた」「できなかった」と評価しがちですが、グレーゾーンがないと常に、「できなかった」という自己否定の連続で疲弊します。そして、途中で投げ出してしまいがちです。

特に、自分のマインドやスキルを大きく変えたり、仕事のやり方を変える場合、成果が出るまでに時間がかかる場合があります。今、一つひとつがうまくいかなくても、学び続ければ、必ず少しずつ前進していきます。

21

1カ月、3カ月、半年、1年、3年、5年と継続したらどうなっていくか、想像してみましょう。小さな一歩でも、続けていけば、かけ算効果でどんどん成果は拡大していくのです。

だからこそ、少しずつ磨き上げていくことが重要です。

小さく生んで、徐々に磨き上げていく、長期戦の発想を取り入れてみてください。

完璧主義の人は

「がっかりタイム」にぶちあたると、
自己否定を重ねてしまい、疲弊して続かない

努力のわりに成果が出ない…向いてないんだ…
もうやめた！

上手に結果を出す人は、1ミリでも進んでいることを喜び、成果が出るまでにはがっかりタイムがあることを踏まえ、ただ淡々と努力を続けます。

そういう人が、ぶっちぎりポイントを迎え、周りと圧倒的な差をつけるのです。

上手に力を抜く人は

すぐに大きな成果が出ない「がっかりタイム」でも、
小さな一歩を喜び、淡々と努力を重ねていく

よし！少しだけど
進歩してる
このままがんばるぞ！

実践

❶ブラッシュアップ思考を身につける

❷ぶっちぎりポイントまで耐える

22

完璧主義の人は どうしようもないことに悩む

上手に力を抜く人は 自分のできることに集中する

私は以前、ある会社に所属する営業20名のコンサルティングをしていました。この会社は、製品ラインナップが少なく、市場の中で少し不利な状況に置かれていました。さらに、営業マンに課せられる目標は前年比で30％以上アップしていて、不満が蔓延する状況だったのです。

一人ひとりと対談していくと、消極的な人と積極的な人に二極化していました。

消極的なグループは、がんばる気持ちはあるものの、不平不満でモチベーションが圧倒的に低下していました。彼らは、「製品自体が悪い」「本社の目標がめちゃくちゃだ」という部分に目がいっていたのです。

一方、**積極的なグループは、置かれた状況の中で自分たちが何をするか、何ができるかを徹底して考えていました。**そのうちのひとりに不満はないのかと聞くと、次のように答えました。

「それは確かにあるけれども、他社も同じような悩みを抱えているからね。そんなことより、この環境でお客さまにどれくらい提案を増やすか、他社との違いをどのようにアピールするかを考えたほうが生産的ですよね」

これが思考習慣の違いです。会社の方針や製品戦略などは、ひとりの営業担当者がすぐにどうこうできることではありません。だからこそ、ここに思考の焦点がいくと、不平不満ばかりでやる気が起こらないのです。

当然、成果も、精力的に行動した積極的なグループの人たちのほうが上げていました。

ストレスをコントロールする

まずは、自分の思考が、コントロールできることとできないことのいずれに向かっているかをチェックしましょう。**上手に力を抜いている人たちは、自分にできることに集中し、どうしようもないことは考えません。**

22

完璧主義の人は、不測の事態や、他人がどのように動くかなどの不確定要素にやきもきさせられます。しかし、他人や外部環境は自分ではコントロールできませんから、どうしようもないのです。だからといって、放置していいわけでもありません。**大切なことは、「自分ができることをやる」ということです。**

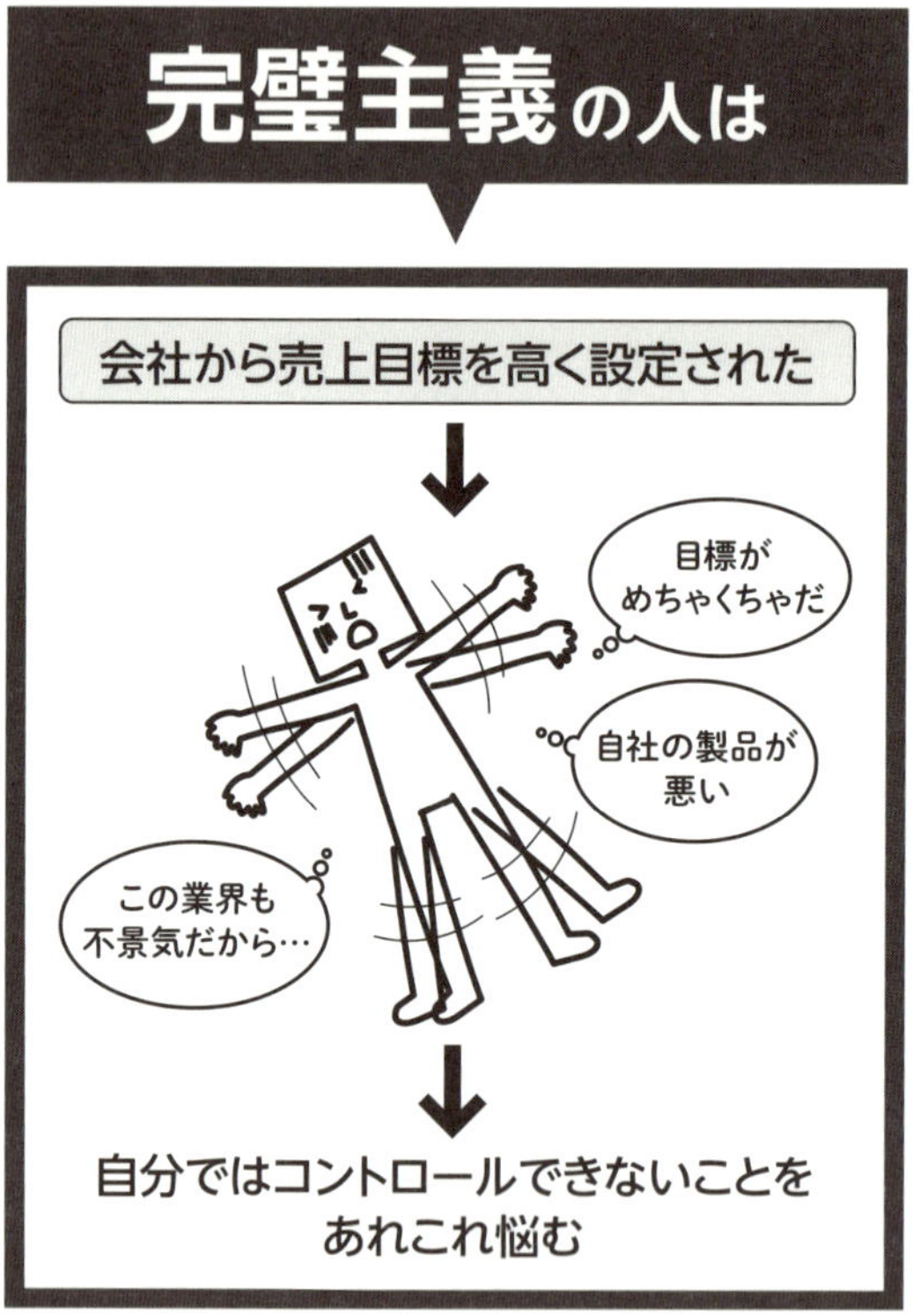
完璧主義の人は
会社から売上目標を高く設定された
目標がめちゃくちゃだ
自社の製品が悪い
この業界も不景気だから…
自分ではコントロールできないことをあれこれ悩む

たとえば、不確定要素をあらかじめ加味しておいて、代替案を考えておきましょう。そのように経済情勢や会社の方針などのコントロールできない部分に柔軟に適応していってこそ、上手に力を抜く人になれるのです。

上手に力を抜く人は

会社から売上目標を高く設定された

↓

↓

置かれた環境の中で、
自分にできることに集中する

実践

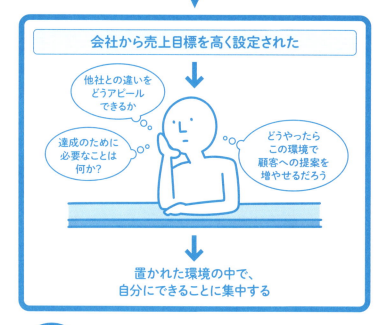

1. 常に自分の思考の方向をチェックする
2. 原因分析に時間をかけず、自分にできることを考える

23

完璧主義の人は
すべてのリスクに備える

上手に力を抜く人は
大きなリスクに徹底して備える

システムエンジニアのAさんは、完璧主義でとても心配性です。リスクに敏感で、トラブルが起きないように小さなリスクにも備えます。プロジェクトメンバーの仕事もミスがないかどうか、念入りにチェックします。

しかし、深夜残業を繰り返した挙げ句、疲れ果てた目でチェックしたため、とても重要な項目を見逃してしまい、新システム稼動時に初日からトラブルが頻発しました。

自分を責めたAさんは、挽回しようとがんばりましたが、精神的に限界を迎えて休職することになりました。

一方、上手に力を抜くBさんは、大きなプロジェクトをいくつも抱えながらも、構築したシステムはほとんどトラブルが起きないことで有名です。いつもオフィスを散歩するように歩いている姿には余裕すら感じます。

彼の仕事の仕方を見ていると、**大きなトラブルの原因になりうる箇所を念入りにチェックして、多くの社内の知恵者にアドバイスをもらっています。**いざ、構築する時には、メンバーが作業を間違わないようにチェックリストをつくって配布することで、人為的ミスを防いでいました。

このように、大きなリスクがある箇所を集中的に対処することで、トラブルを防ぐことができるのです。

「モグラたたき思考」は疲弊するだけ

小さなリスクにばかり目がいってしまうと、大きなリスクへの備えができなくなり、盲点が生まれることがあります。

このように**小さなリスクや心配の種を徹底してつぶすことを「モグラたたき思考」**と呼びたいと思います。

モグラたたき思考でリスクに取り組むと、視野が狭くなり、疲弊します。

たとえば、資料作成で、誤字脱字チェックに頭がいきすぎて、重要な内容が漏れていることに気づかないといった具合です。

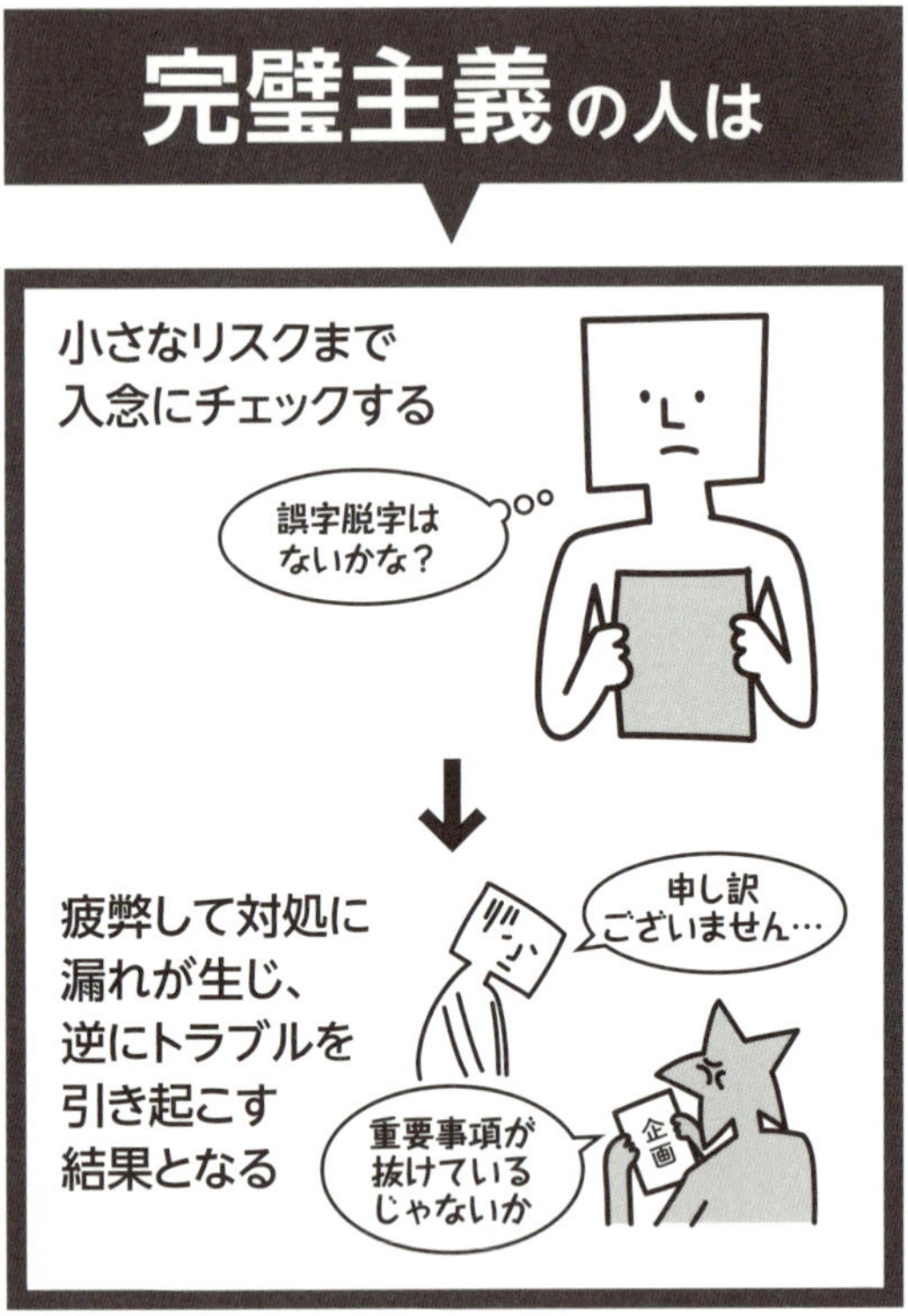
完璧主義の人は
小さなリスクまで
入念にチェックする
誤字脱字は
ないかな？
疲弊して対処に
漏れが生じ、
逆にトラブルを
引き起こす
結果となる
申し訳
ございません…
重要事項が
抜けている
じゃないか
企画

完璧主義の人は、失敗するリスクへの恐怖からどうしてもモグラたたき思考で小さな備えをすることに敏感です。

上手に力を抜く人は、重要度の高いリスクから優先して対処し、全体の大きなトラブルや問題を未然に防ぎます。

最終的にリスクに対する備えが充分できれば、恐怖心を最小限に止め、新しいことにも挑戦できるようになります。

上手に力を抜く人は

大きなリスク箇所に
集中的に対処する

小さな労力で、
大きなトラブルを
防ぐことができる

実践

1. 最悪のリスクを想定する
2. 仕組みやツールをつくり、モグラたたきを減らす

COLUMN 3

項目 21（106ページ）のポイント

成果の曲線

成果を想定する時、努力をすればすぐに現れるものだと考えがちなので、通常、図のAのような直線的な上昇をイメージするでしょう。

しかし、**効果の高い仕事は一定の成果が出るまでに、図のBのような2次曲線的な動きをします。**

この、想定の成果と実際の成果の差がある期間が、「がっかりタイム」です。これは、成長のために耐え忍ばなければならない、一見報われない期間です。

しかし、この期間を堪え忍んでこそ、ぶっちぎりタイムが訪れます。

つまり、**中長期的な視野でブラッシュアップをしていくという思考があるかどうかで、現れる成果は変わってくるのです。**

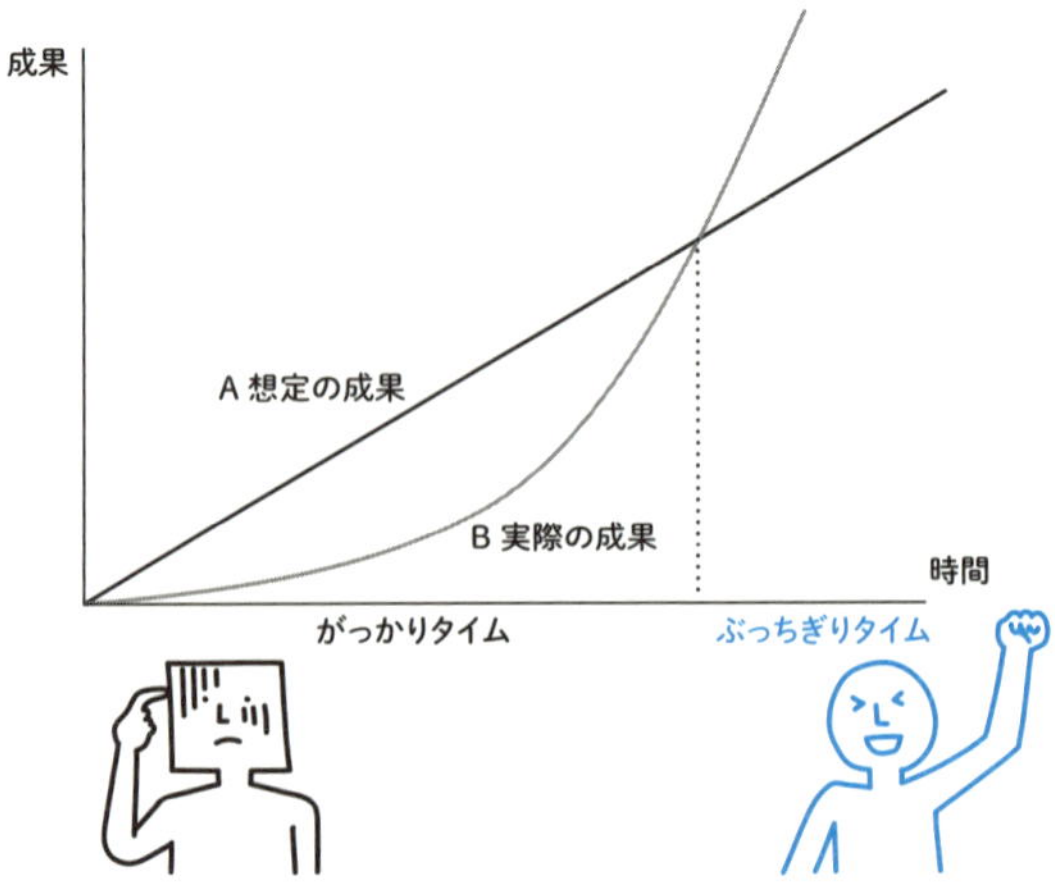

第4章
「精神的な余裕」をつくる

24

完璧主義の人は 時間的な余裕がない

上手に力を抜く人は ゆとり時間をつくる

超多忙な日本国の総理大臣は、どのように夜の時間を過ごしているのでしょうか？

２０１３年４月18日、安倍晋三総理が日本テレビの情報番組「スッキリ!!」に生出演した際に、視聴者からの質問に答えていました。

平均睡眠時間は６時間。０時に寝て６時に起きるそうです。

夜、時間がある時は、海外のテレビドラマを1時間観ると答えていました。「メンタリスト」や「24」を観て、非日常性の中でストレスを解消しているそうです。

確かに、政治の世界でさまざまな問題や課題を抱えて、巨大なプレッシャーの中で生きている安倍総理にとって、一時的に頭を空にできる良い習慣なのでしょう。

そして、その後、警察小説などの小説を読むのが趣味だそうです。安倍総理が『海賊と呼ばれた男』(百田尚樹・著 講談社)を発売から間もない頃に絶賛されていたのを憶えていますが、あの多忙な毎日の中で、小説を読む余裕をつくっているのです。

そして、その**ゆとりは自動的に生まれているわけではなく、意図してつくっている**のでしょう。そうしなければ、政治・経済において国家の運命を決する判断が鈍ってしまうからではないでしょうか。

ゆとり時間が効率を上げる

安倍総理の責任の重さや業務量を考えれば、私たちが余裕を持てないと主張するのは少し気が引けます。

しかし、実際、完璧主義の人は、いつもバタバタして時間に追われています。ゆとりを持つぐらいなら、その前にちゃんとやるべきことをやってしまおうというマインドがあるからです。追い立てられているという表現が正しいかもしれません。

一方、**上手に力を抜ける人は、安倍総理のようにしっかりとゆとり時間をつくります。**時間的なゆとりと精神的なゆとりの両方です。私が見てきた優秀なビジネスパーソンも、多忙な中でゆとり時間をつくるのが上手でした。そして、それが精神的な余裕になり、冷静な状況判断につながっていました。

忙しい毎日にも、ふと安らげる時間をつくりましょう。「お笑い番組を観る」「お風呂で湯船につかって好きな小説を読む」などで良いのです。このゆとり時間が、自分自身や状況を客観的に眺めるきっかけになります。

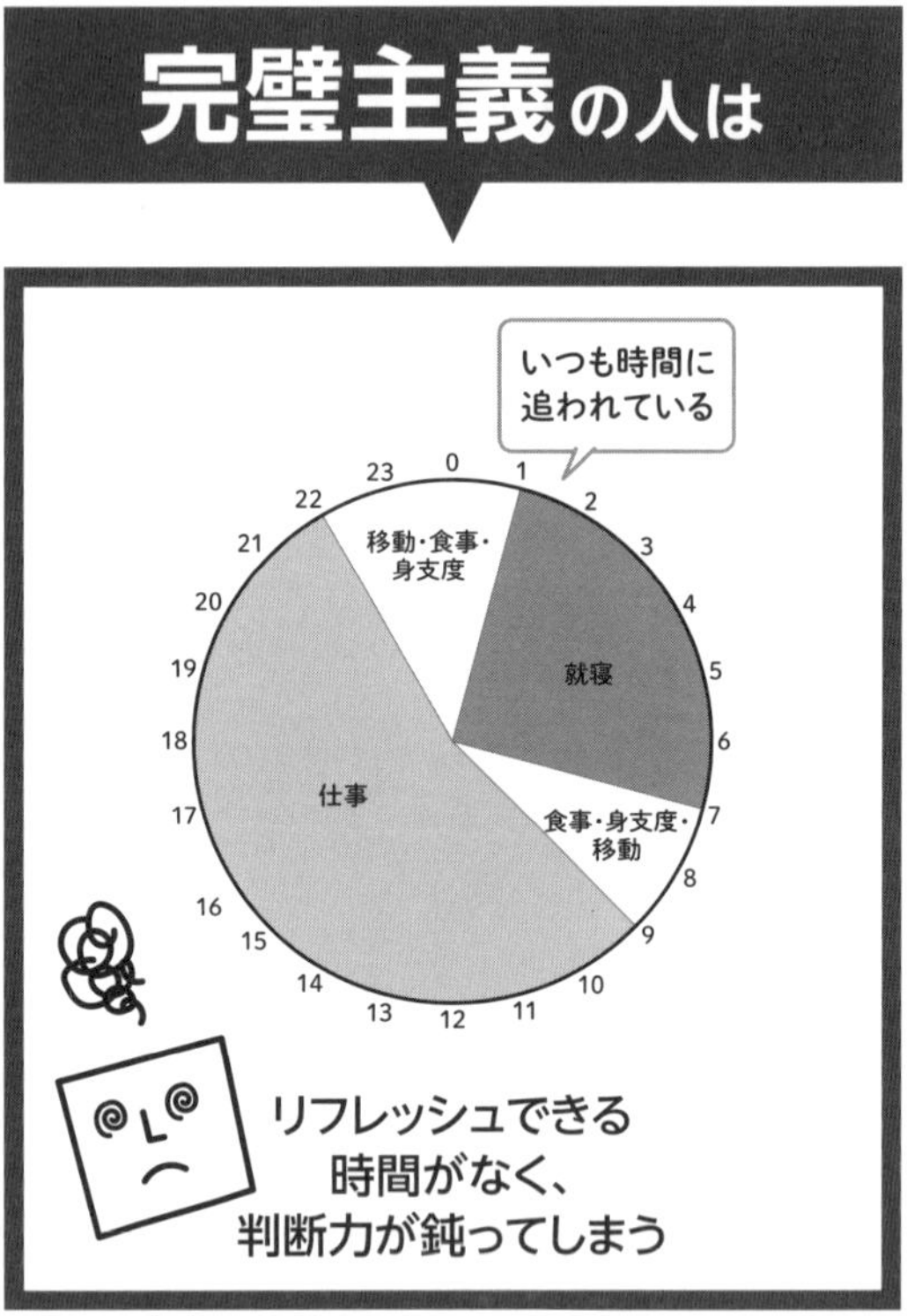
完璧主義の人は
いつも時間に
追われている
移動・食事・
身支度
就寝
食事・身支度・
移動
仕事
0
1
2
3
4
5
6
7
8
9
10
11
12
13
14
15
16
17
18
19
20
21
22
23
リフレッシュできる
時間がなく、
判断力が鈍ってしまう

上手に力を抜く人は

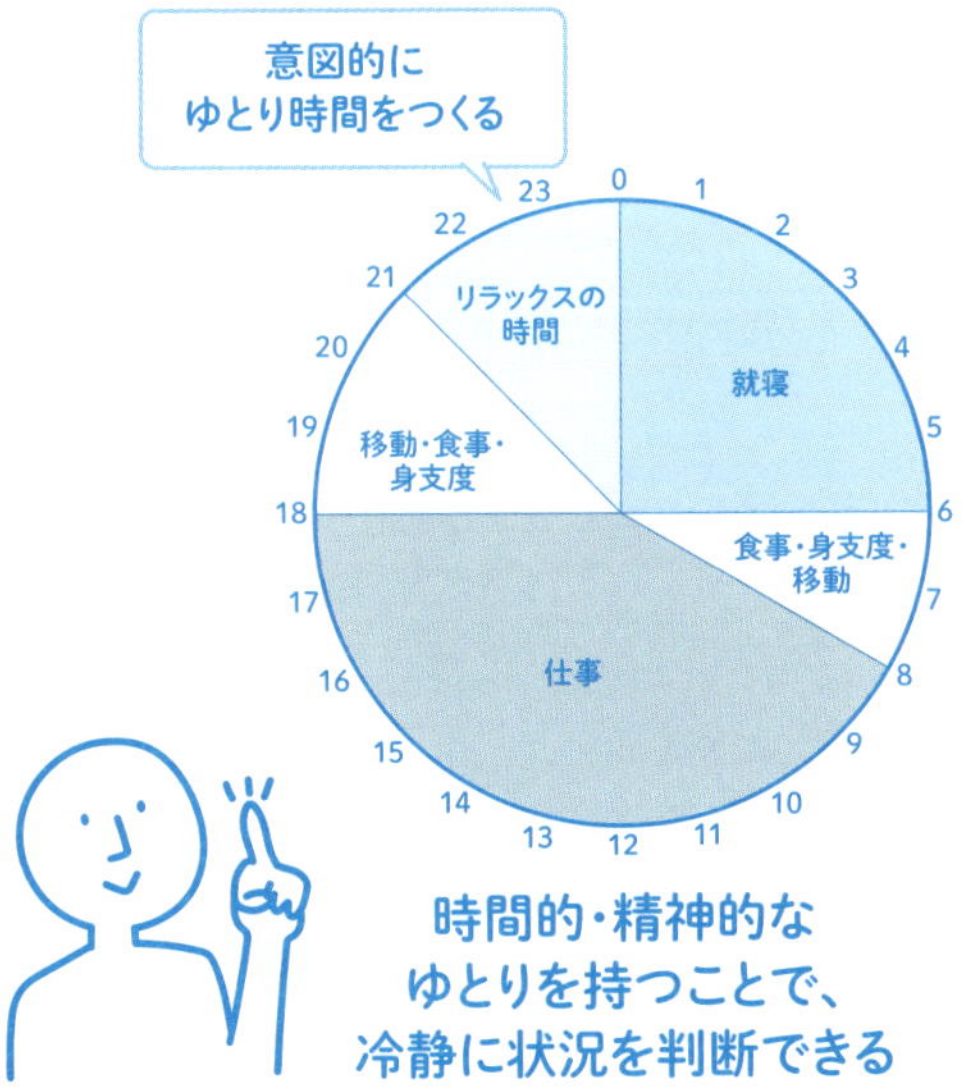

時間的・精神的な
ゆとりを持つことで、
冷静に状況を判断できる

実践

❶時間的なゆとりをつくる

❷精神的なゆとりをつくる

25

完璧主義の人は自分を許せない

上手に力を抜く人は自分にOKを出せる

完璧主義思考の人は、上司にミスを少し指摘されただけでも、自分が全面否定されたかのように感じて「自分はダメだ」と自己嫌悪に陥る傾向があります。

一方、上手に力を抜く人は、「まあ、ここは仕方ないか」「そういうこともあるよな」「やり方を失敗したな。次は変えよう」と自分を過度に責めません。これは決して自分を甘やかしているわけではなく、**適切な範囲内で反省し改善している**のです。

私は、習慣化のコンサルティングを行っていますが、続かない人の大半は完璧主義思考が強い人で、自己否定をしすぎる傾向にあります。

たとえば、「朝早起きして1時間ジョギングする」と決めたとします。しかし、3日後、飲み会が原因で朝起きられず、4日目は雨で実行できなかったとします。こうなると、完璧主義の人は2日できなかったことへの自己嫌悪感で、「やっぱり自分は続かない性格だ」と自分を責めて、挫折してしまいます。続けたくなくなるのは、できない自分と向き合い続ける毎日が苦しいからです。

一方、上手に力を抜ける人は、「昨日は飲み会で帰りが遅くなったのでジョギングはできなかったけど、電車ではせめて立とう！」とか、雨が降ったら「軽く家の階段を上り下りしたら良しとしよう」と、小さなことを続けて、自分にOKを出します。

結果、柔軟に継続できます。

▼不完全な自分を丸ごと受け入れよう

がんばりすぎるスタイルの人は、常に自分に厳しい言葉を浴びせ続けます。

私たちの心のつぶやき（セルフトーク）は1日3万回も生まれています。

「こんなのではダメだ」

「もっとちゃんとやれ！」

「全力は尽くしたのか？」

これは、自己否定をすることで、がんばるモチベーションをつくり出しているのです。

しかし、客観的に文字にしてみると、実に厳しい言葉を投げかけています。その根源には次のような自己否定があるため、自分を責めてしまうのです。

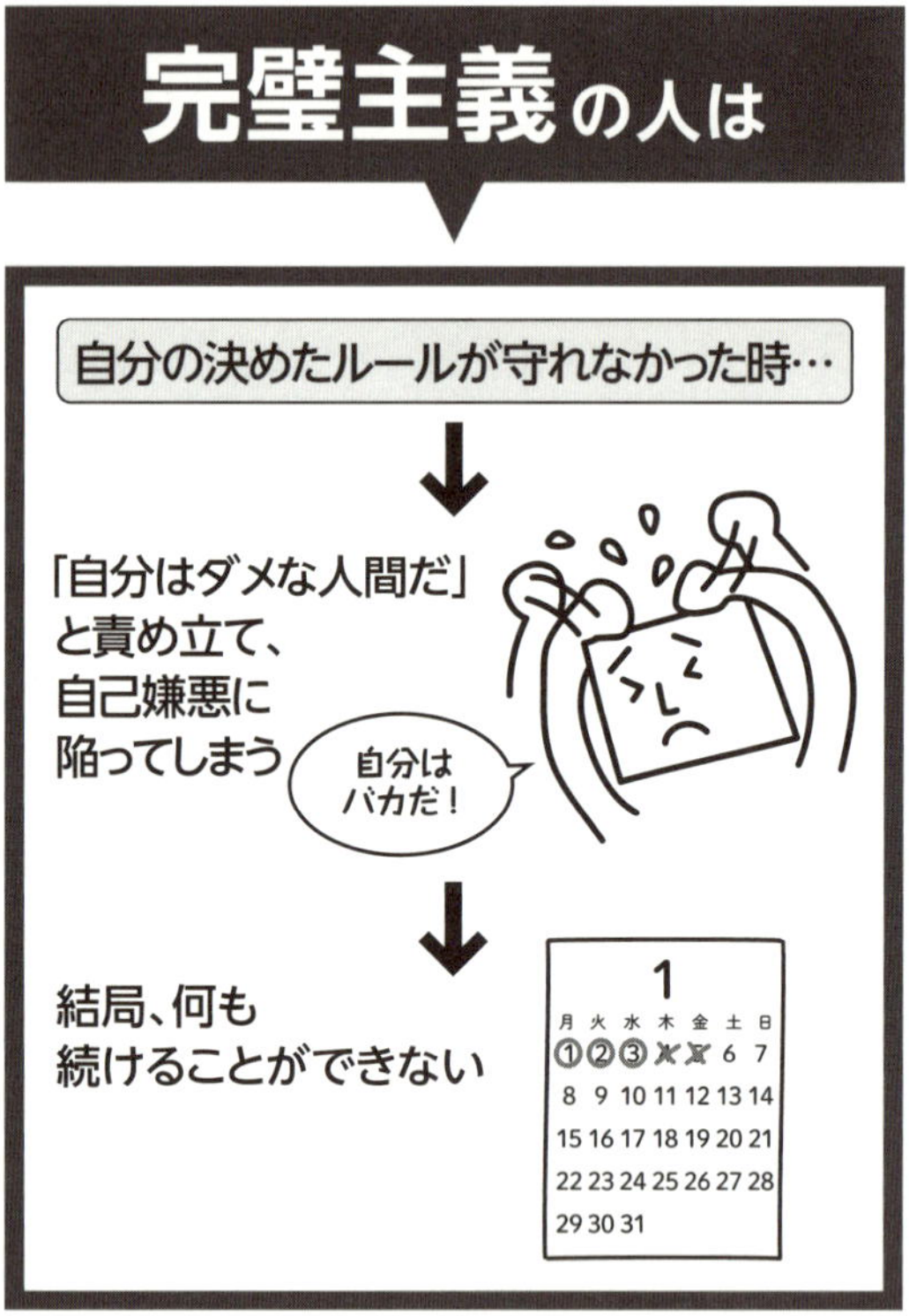

「自分は不完全だ。だからもっとがんばらなければいけない」
「人よりも努力しないと同じ結果は出せない」
しかし、完璧とは幻想にすぎません。もともと人間は不完全なものです。
不完全さを受容した時に、等身大の自分を受け入れることができます。

上手に力を抜く人は

自分の決めたルールが守れなかった時…

↓

「まあ、ここは仕方ないか。別の方法でやってみよう」と、過度に自分を責めない

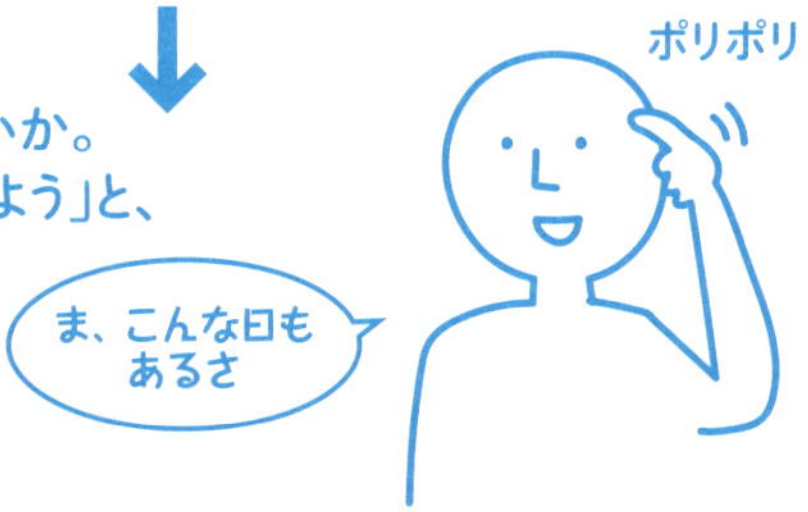

↓

柔軟に続けることができる

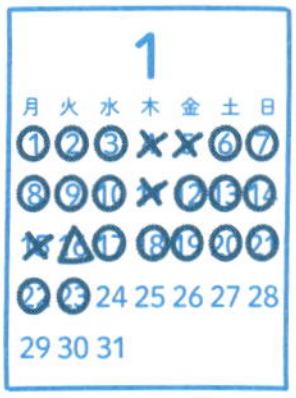

実践

❶行動のハードルを低く設定し、小さなＯＫを出す

❷自分の中に存在するすべての面を丸ごと受け入れる

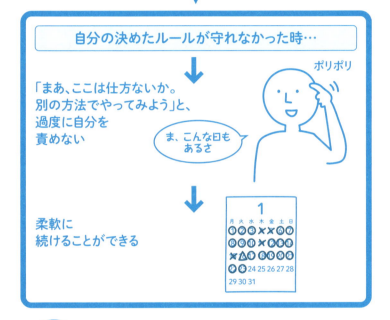

26

完璧主義の人は
すべて「自分のせい」だと落ち込む

上手に力を抜く人は
「自分のせい」だけではないと割り切れる

システムエンジニアのAさんは、とてもがんばり屋です。しかし、プロジェクトのリーダーとして半年がかりでシステムの導入を終えて、いざ稼動しはじめると次から次へとトラブルが起きました。

それから3カ月間、全責任は自分にあると思って、Aさんは徹夜を重ねながら必死に対応しました。しかし、トラブルは収束に向かわず、ついに体力と精神の限界を迎えて、精神疾患になり休職することになりました。お客さまにも会社にも多大な迷惑をかけてしまったという自責の念から、精神的に潰れてしまったのです。

一方、同じ部署のBさんも同時期にシステムトラブルを抱えていました。

情報システムというのは往々にしてトラブルがつきものです。Bさんは経験からそれを想定していました。また、「起きたものは仕方がない。今に集中して全力を尽くすだけだ」とトラブルの問題を一つひとつ切り分けていき、1カ月後にはシステムを安定稼動させたのです。そして、Bさんは疲れた表情も見せず、別の3つのプロジェクトを淡々と進めていきました。

この2人は何が違ったのでしょうか？

責任をやたら背負わず心の安定を得る

Aさんは一見、責任感が強くて良さそうに見えますが、システムのトラブルが起きるたびにすべての責任を背負い込む思考は決して好ましいとは言えません。なぜならば、精神的ダメージが大きく、よく眠れない日が続き、対応への集中力を失っていたからです。結果、2次的な失敗を犯してしまいました。

さらに、受け持っていた他のプロジェクトのケアがおろそかになり、そちらでも大きな火種を抱えることになりました。

一方、Bさんは、精神的なダメージがそれほど大きくはありませんでした。なぜならば、**自分の責任範囲をむやみやたらと広げすぎなかった**からです。

システムトラブルが起きた原因は、構築したSEのリーダーだけにあるわけではありません。現場でプログラミング作業をするSEのミスもあります。その上司にも責任があります。また、営業や機器メーカーにも非があるかもしれません。

リーダーはそれを想定して構築すべきですが、それでも全部自分の責任と抱え込まなくていいのです。

完璧主義の人は
何かトラブルが起こると、
全責任をひとりで背負い込む
全責任
重い〜

上手に力を抜く人は

責任の範囲を客観的に切り分けて考える

実践

❶責任範囲を細分化して、ひとりで抱え込まない

❷感傷に浸る暇があるなら、できることを考える

27

完璧主義の人は
義務感で自分を動かす

上手に力を抜く人は
ワクワク感で自分を動かす

私は海外旅行に行く際、事前にプランをつくります。

しかし、そのプランに基づいて旅行をすると決めると、プランにあるすべての場所に行かなければ気が済まなくなります。

本当は楽しむため、リラックスするために海外旅行に行っているはずなのに、自分の決めたプランを減らすことができず、折角のいい景色が目の前にあっても、次の場所へ出発しなければと焦ってしまう……。

本末転倒なのですが、義務感で動いてしまうメカニズムの罠から抜け出せなくなってしまうのです。

義務感で動くと、楽しいはずのものも辛い作業になり、多くのエネルギーを使います。こんな経験があなたにもあるのではないでしょうか？

上手に力を抜く人は、「旅行はあくまで楽しむもの、刺激を得るもの」とテーマを決めて、プランをつくります。プランそのものをゆるくつくっておき、現地で良い景色の場所があれば、そこに留まり、いい雰囲気のカフェが見つかれば1時間ぐらいお茶をします。

本来の目的である、「リラックスと非日常性の体験」というテーマを持って、旅行プランを柔軟に変更して楽しむのです。

義務感ではなくワクワク感を持つ

プロセスをきちんとこなすことに集中する完璧主義の人は、一度決めたらその内容を「すべきこと化」してしまい、柔軟に変更することが苦手です。決めたことに縛られ、義務感で自分を動かしてしまうのです。

好きな仕事や得意な仕事でも、「納期やプロセスをいつまでにクリアすべきか？」と義務化して自分を追い込みます。この場合、精神的にも余裕やゆとりはありません。かくいう私も、好きな仕事のはずなのに、がんじがらめで追い込まれている感をふと抱いたことが多々あります。

一方、**上手に力を抜く人は、「楽しい」という気持ちを、うまくモチベーションに変えながら仕事を進める**ので、ストレスが少なく集中力も高まり、生産性が向上します。

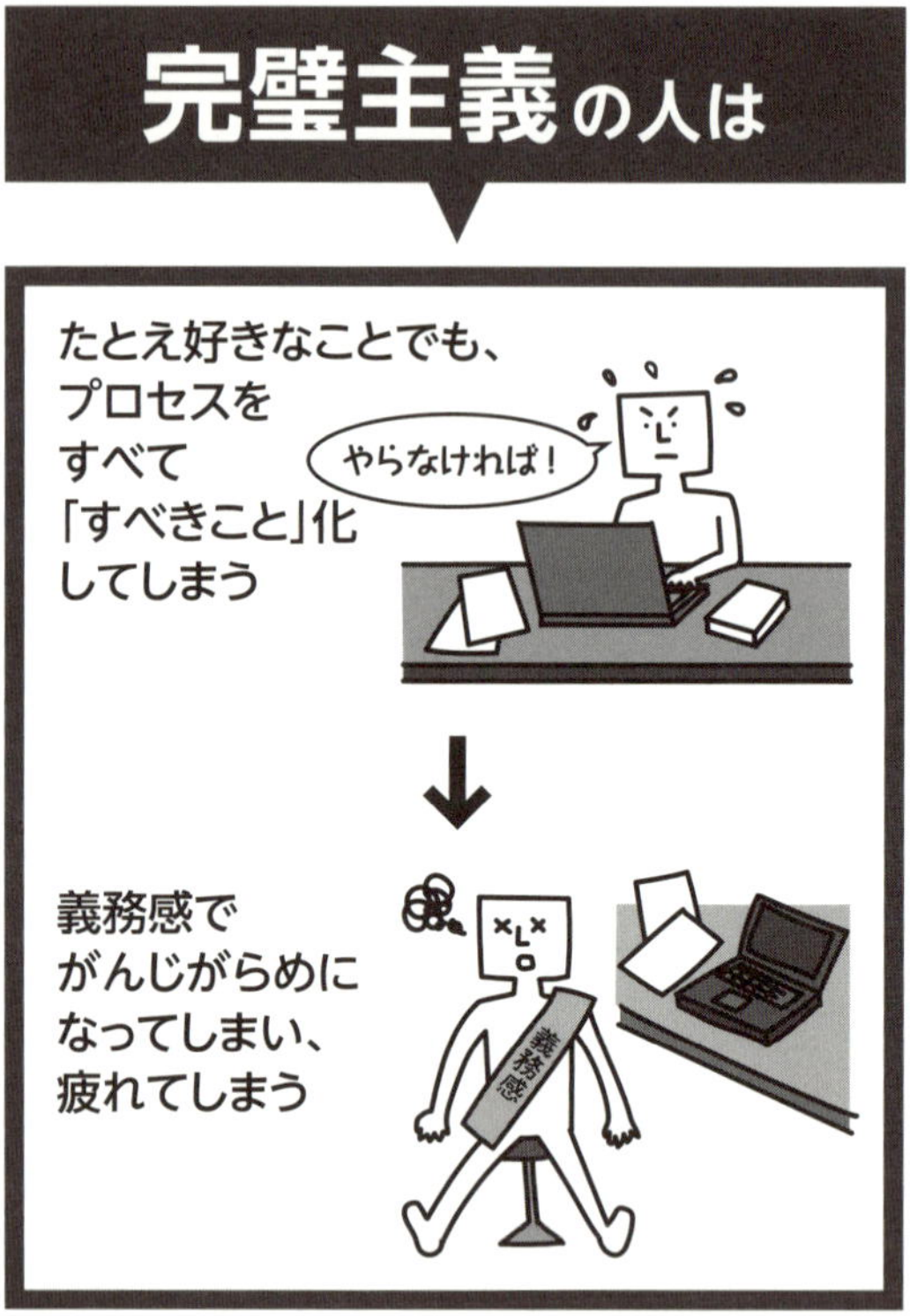
完璧主義の人は
たとえ好きなことでも、プロセスをすべて「すべきこと」化してしまう
やらなければ！
義務感でがんじがらめになってしまい、疲れてしまう
義務感

これが義務感とワクワク感の原動力の違いです。

プロセスを楽しむためには、先の不安を一度脇に置いて、目の前のことに集中します。タイマーで時間制限を設けると、設定している時間よりも先のことを忘れ、今の作業により没頭できます。

上手に力を抜く人は

「楽しい」という
気分を感じながら、
仕事を
することができる

↓

ストレスなく、
モチベーションを
上げながら
仕事に取り組める

実践

❶今日の楽しみな仕事を設定しておく

❷プレッシャーから解放されるよう、タイマーを設定する

28

完璧主義の人は

100点か0点かで考える

上手に力を抜く人は

グレーゾーンで柔軟思考をする

ある中小企業の社長に、早起きのコンサルティングをした時のことです。セッションで「普段は11時出社ですが、来週は5日間、朝8時に出社します」と宣言されました。

1週間後、「どうでしたか?」と聞いたところ、

「いやー、全くダメでした。情けないですよ」

と言われたのです。そこで、「5日とも、11時に出社したのですか?」と聞いたら、

「いえ、1日だけは8時に出社しましたが、残り4日は11時に逆戻りです」

と自己嫌悪感でいっぱいでした。私は、1日だけは起きられた要因を尋ねました。すると、

「1時間早く寝たこと」「前日に深酒をしなかったこと」を挙げました。さらに、1日早く出社して感じたメリットを聞きました。社長は、社員の朝礼の姿を見ると、会社の全体の様子と個人の状況が一度にわかるので良かったと答えていました。

「それでは、来週は2日だけ8時出社にしたらどうですか？」

と提案しました。

「えっ、2日でいいんですか？」

と気分良くセッションを終えて帰られました。

社長は翌週、2日どころか5日間すべて8時に出社しました。

自分を「白黒の思考習慣」から解放しよう

この場合の問題は、「5日間すべて8時に出社できるか」「できないか」の2つにひとつで考えてしまい、1日できたという前向きな変化があったにも関わらず、「0点」と自分を責めていたことです。

完璧主義思考の中でも、特に「二者択一の判断」の傾向が強い人は、100点か、0点かで考えます。認知心理学の世界では、これを白黒思考と言います。

28

白黒思考の特徴は、白でなければ黒だと判断する極端さです。

完璧でなければ意味がないと考えるのです。それがモチベーションにもなりますが、自分を追い込んでしまう思考であることも事実です。

大量の仕事が押し寄せてきた時や、新しい仕事を手探りで進める時に、白黒思考は精神的に大きな負担になります。

また、白黒思考のデメリットは、小さな成果や成長した自分を認めないために、最終的に自己嫌悪になったり、チャレンジ精神を失うことです。

完璧主義の人は

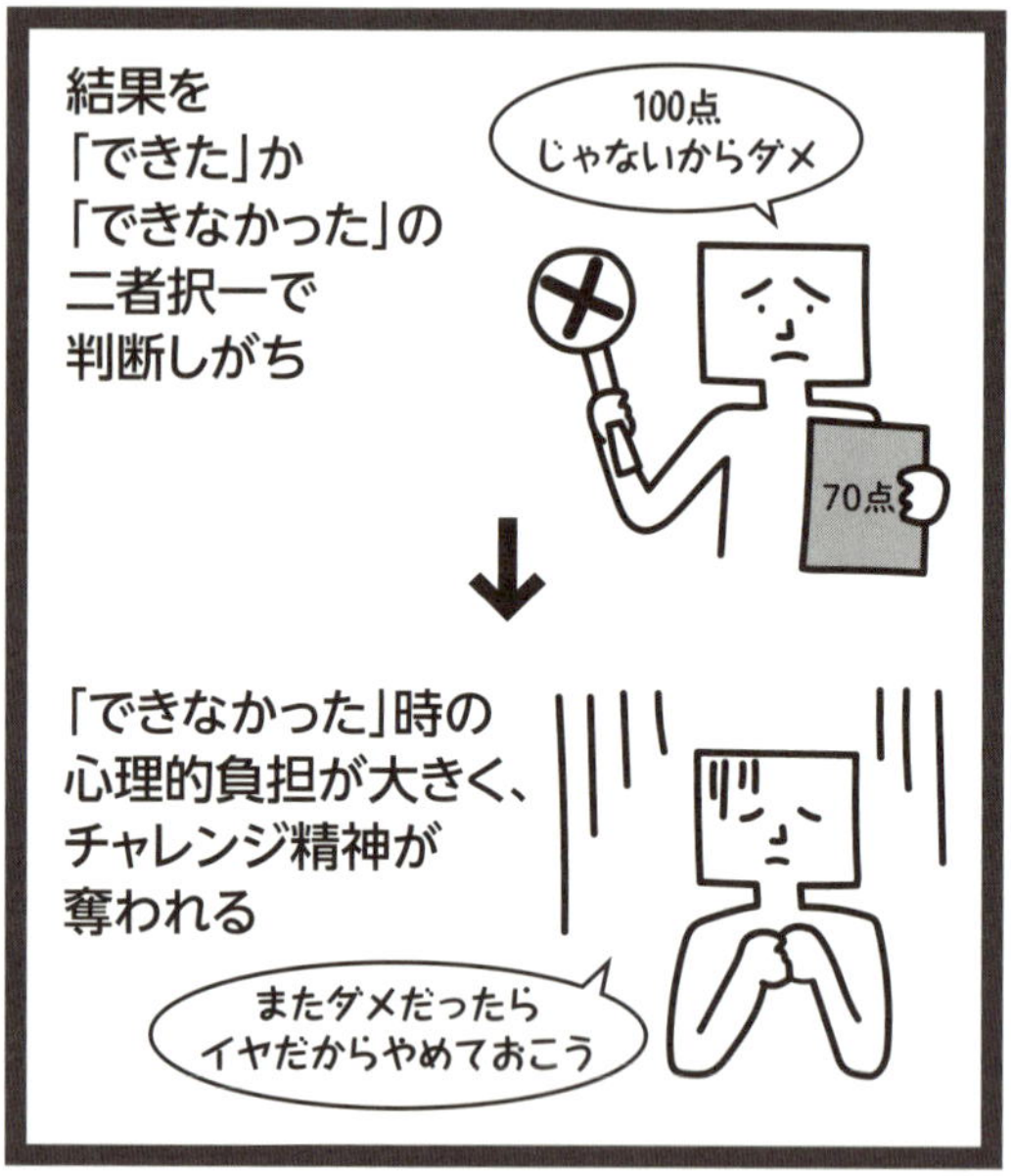
結果を
「できた」か
「できなかった」の
二者択一で
判断しがち
100点
じゃないからダメ
70点
「できなかった」時の
心理的負担が大きく、
チャレンジ精神が
奪われる
またダメだったら
イヤだからやめておこう

長く仕事をする上では、小さな成長を見つけること、自分を許し認めることが重要なのです。

上手に力を抜く人は

グレーゾーンを認め、
少しの成長を
喜ぶことができる

この前より
上がったから良し！
70点

思考に柔軟性が生まれ、
積極的にチャレンジ
できるようになる

どんどん
やっていこう！
70点

実践

1. 満足度を数値化し、グレーゾーンを見出す
2. 小さな成果でも成長を喜ぶ

29

完璧主義の人は
念のためにとモノを溜め込む

上手に力を抜く人は
余分なモノはどんどん手放す

デスクの上にはどんどん書類が溜まっていく。引き出しも、もういっぱいで置くところがない。雑然とした仕事環境では、モノを探すのに一苦労。探す時間だけで、1日どれくらいの時間を消費しているのだろう――これが10年前の私でした。

「念のため、取っておこう」

「捨てた後で後悔したくないから」

こんな心の声に負けて、どんどんモノが溜まっていきました。

一方、課長のデスクはいつもモノがなく、すっきりとしていました。

片付けの心得を聞いてみると、

「必要になったら、お前たちに聞けばいい」

「情報は頭の中に入れておいて、忘れたらまたネットから引けばいい」

「必要なものはすぐにファイルしているよ」

その場で、取捨選択が的確にできていたのです。

手放すことが最善主義のトレーニングになる

取捨選択とは、辞書で意味を引くと、「悪いもの、不必要なものを捨てて、良いもの、必要なものを選び取ること」とあります。**仕事ができる人は、取捨選択の達人です。**

まず、捨てるためには、必要なものを選び取る判断力が重要です。そして、捨てる勇気と習慣もなければ、モノや仕事の枝葉末節をすべて抱え込み、精神的、空間的余裕がどんどんなくなっていきます。

完璧主義の人は、念のためにとすべてを取り込もうとするあまり、選択の基準が明確ではありません。

そこで、**仕事の取捨選択と通じるところがある、モノを捨てる行動を通じて、心身ともに**

29

整理された状態を保ちましょう。

まずは、デスク周りをスッキリさせて、空間的余裕をつくってみてください。

捨てる強制力を持たせるために、週に1回、捨てる日をつくるといいでしょう。「これは念のため……」と思ったら、「念のためとは何が起きることを想定しているのか？」「それはどれくらいの頻度で起きるのか？」「捨てて問題になるとしたらどんなことか？」と自分に問いかけます。そして、どんどん手放していくのです。

取捨選択思考は、思考習慣です。旅行に行く際に鞄をひと回り小さくすることでも、力を抜くトレーニングになります。

完璧主義の人は

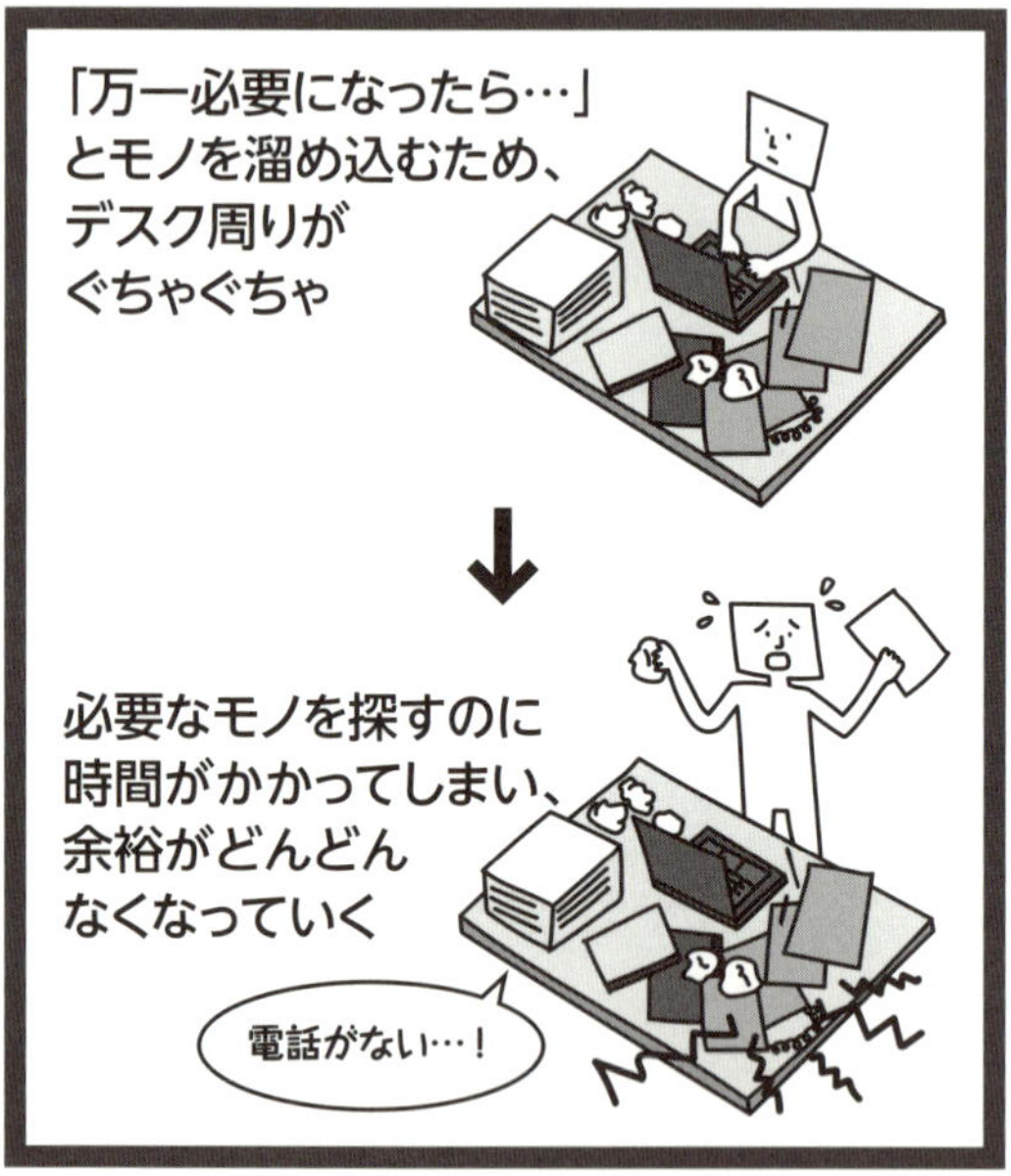

「万一必要になったら…」とモノを溜め込むため、デスク周りがぐちゃぐちゃ
必要なモノを探すのに時間がかかってしまい、余裕がどんどんなくなっていく
電話がない…！

上手に力を抜く人は

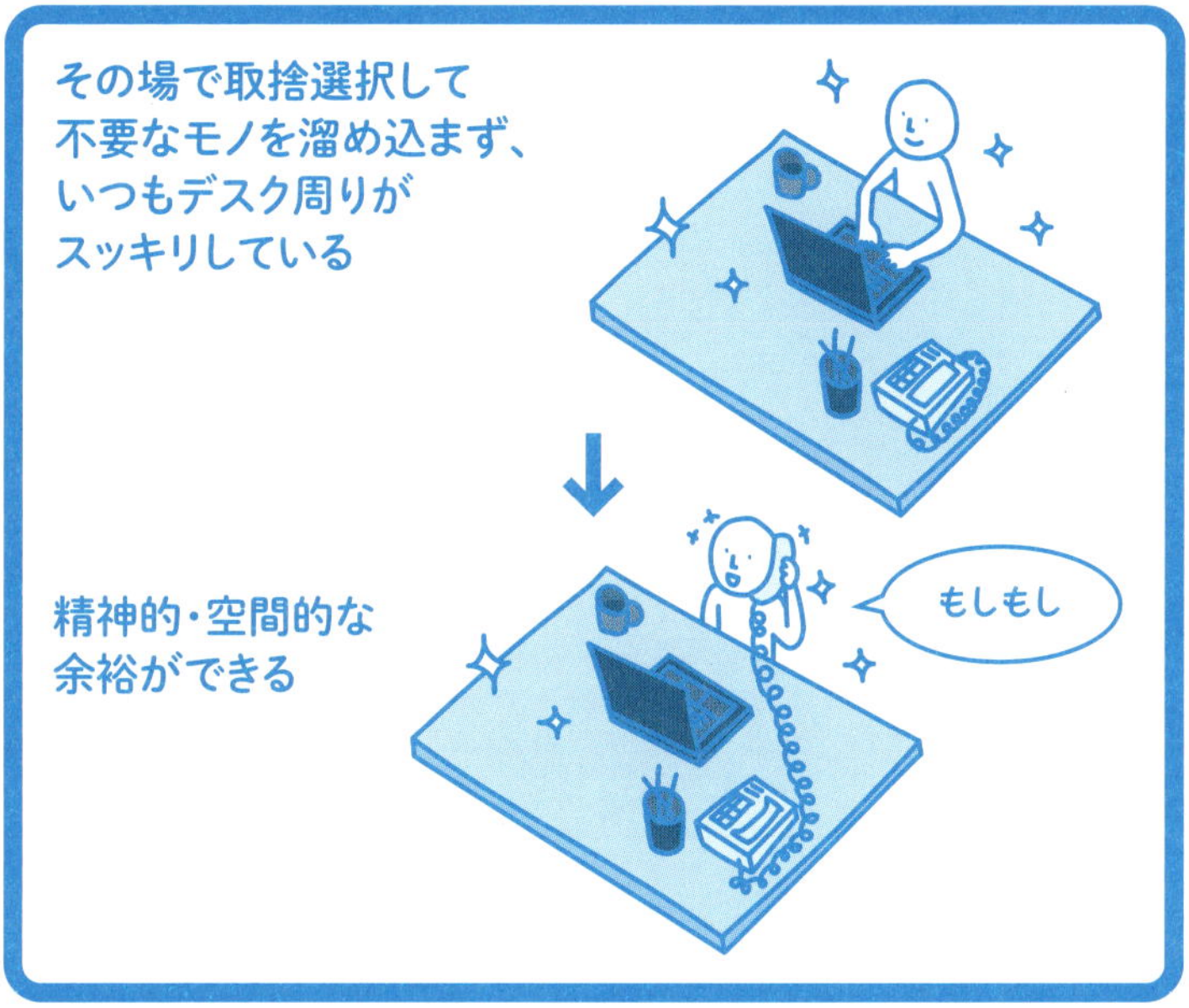
その場で取捨選択して
不要なモノを溜め込まず、
いつもデスク周りが
スッキリしている
精神的・空間的な
余裕ができる
もしもし

実践

1. 週に1回の捨てるデーをつくる
2. 鞄を小さくする

COLUMN 4

項目
26
(128ページ)
のポイント

円グラフ法を使って責任を分散させる

心理学の認知療法の世界に、円グラフ法というものがあります。

円グラフ法とは、責任や不安の要因をすべてあらい出し、円グラフにその割合を記入していく方法です。

たとえば、項目の26（128～129ページ）に登場する、「すべて自分の責任だと考えるAさん」と、「自分の責任は限定的だと考えるBさん」の責任のマインドシェアは、下の図のようになります。

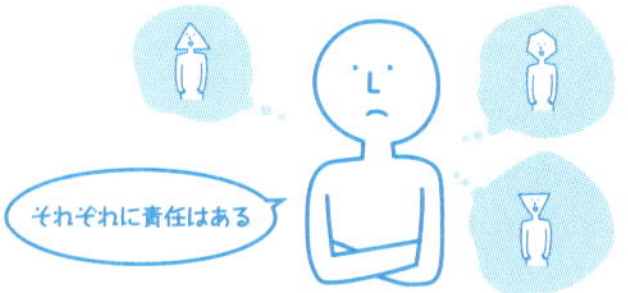

Bさんの責任のマインドシェア

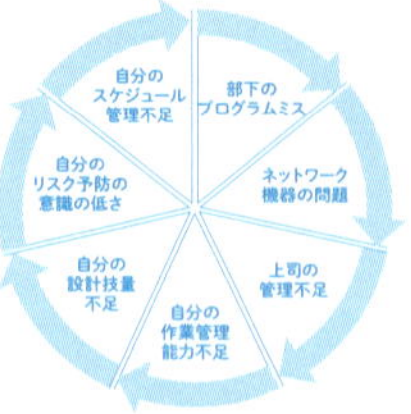

Aさんの責任のマインドシェア

もし失敗して精神的なダメージを受けていると感じた場合は、円グラフ法を用いて、責任を分散させると良いでしょう。

順番は、まず自分以外の人の責任から埋めていき、最後に自分の責任を埋め、さらに、自分の責任を少し細分化して書いてみるのです。

第5章
「他人の力」を上手に活かす

30

完璧主義の人は 他人の失敗に厳しい

上手に力を抜く人は 他人の失敗に寛容である

ある金融機関に、2人の部長がいました。

A部長は、理想主義かつ厳格な人で、この会社の中でいちばん厳しいことで有名です。

「小さなミスが大きなミスに発展する！　一事が万事だ！」

「気のゆるみがミスにつながるんだ」

「なぜ、もっととことん努力しないんだ」

などと、いつも部下の努力不足やミスにいらだちを感じています。

部下は、A部長を恐れて緊張感のある中で仕事はしているものの、恐れからミスを隠したり、主体的に動く姿勢をなくしています。

「うちの部下は主体的な提案や行動が少ない！」とA部長は嘆いています。

しかし、部下の立場からすれば、挑戦して失敗したら叱責されることを考えると、リスクを取って行動することには躊躇します。

このA部長の環境下では、言われたことをきちんとこなす人は育っても、主体性のある人は育たず、結果A部長は怒り続けることになります。

一方、B部長は、人を育てるのが上手なことで有名な人です。**叱るべきミスと、許容すべきミスを区別しています。**

ミスの報告を隠したり、お客さまへの失礼な態度があった場合は厳しく叱責する反面、報告書のわかりづらさなど些細なことには寛容で、優しく改善方法を伝えます。

また、積極的に挑戦した末の失敗は、その姿勢をしっかりと褒めて、良かった点と改善点を伝え、最後はモチベーションが高まるように促します。

結果、B部長の部下には主体的に動く人が多くいます。

30

自分と同じルールで他人を裁くのをやめよう

完璧主義思考、特に「理想主義」の傾向が強い人は、自分に高い基準を要求し、甘えを許さず、妥協をしません。どんなことにも100%、全力投球を目指します。

そして、同じくそれを他人にも求めます。努力しない人や妥協する人を許せず、イライラしてしまう傾向があります。

完璧主義から最善主義に移行すると、自分が楽になるだけでなく、相手にも寛容になれます。他人にイライラしたり、責めることも減っていくでしょう。

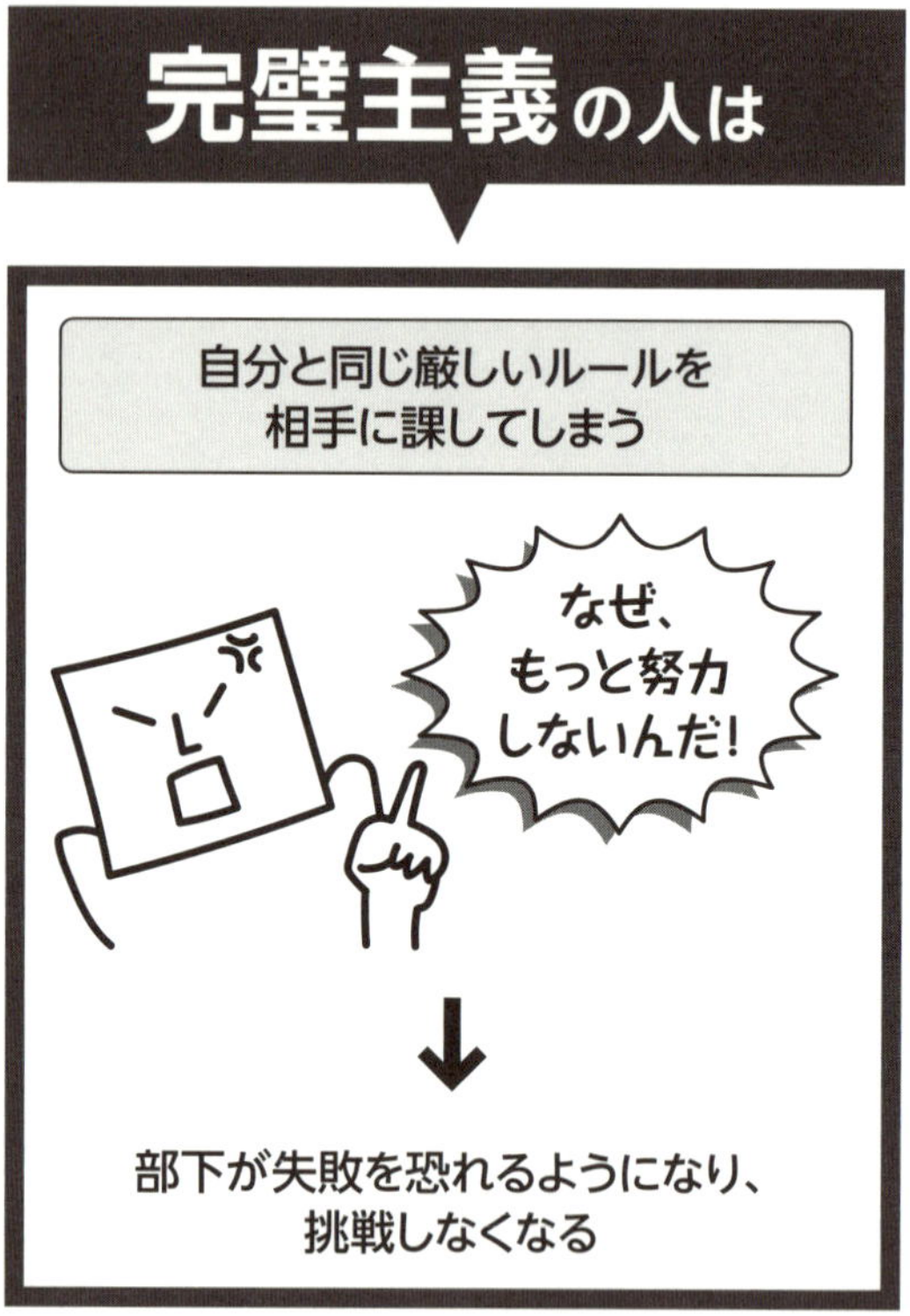
完璧主義の人は
自分と同じ厳しいルールを相手に課してしまう
なぜ、もっと努力しないんだ!
部下が失敗を恐れるようになり、挑戦しなくなる

上手に力を抜く人は

「自分と相手は違う」ことをわきまえており、
失敗にも寛容

ミスの隠蔽などには
厳しく対応するけれど、
ささいな失敗は
誰にでもあるよ

↓

挑戦する姿勢を評価してくれるため、
主体的に動く部下が育つ

実践

1. 叱るべきミスと
許容すべきミスを区別する
2. 自分と相手とで
ルールを変える

31

完璧主義の人は 八方美人になる

上手に力を抜く人は 一部の人に圧倒的に支持される

私が勤めていた会社のA課長は、会議に極力参加しない主義です。出席を依頼しても、

「目的は何？」

「後で議事録を見て情報把握するだけではダメかな？」

「私がいなくても決まるんじゃないの？」

と、明確な目的と必然性がなければ拒否されます。周囲も、最初は悪い印象を持ちますが、徐々にそれがキャラクターだと認識し、必ずしも参加の必要がない会議は依頼しなくなります。

その分、**A課長はデスクにいる時間が長くなり、その時間を技術トラブルの予防や課の問題**

解決に使いました。 退社も早く、結果も出すので、上司や他部署からの信頼も厚かったです。

一方、B課長は面倒見が良く、とても優しい課長です。お願いされるとノーと言えない性格で、皆が何かと泣きついていました。B課長は、部下や他部署からの依頼、会議の予定が1日に5つも入っていて、いつもバタバタしていました。肝心のトラブル対応さえ追いつかない状況でも、約束した会議にはせめて冒頭だけ参加するなど、八方美人をやめられません。

結果、プロジェクトのトラブル予防などが充分にできず、深夜までいつも残業していました。上司の評価も低かったです。

「八方美人は損をする」と心得る

「人に嫌われたくない」。これは正常な人間であれば、誰しも思うことです。しかし、過剰になりすぎると、それは問題です。

「自分のやりたいことが優先できない」

「言いたいことが言えない」

「断れない」

こうして、嫌われないために使う時間が増え、本来の結果を出すために必要な時間がどんどん削られていきます。

完璧主義思考の中でも、特に「否定の恐怖」に該当する人は、人間関係において全員に認められようとがんばります。それゆえ、嫌われたり、批判されるとそれだけで落ち込みます。

上手に力を抜く人は、嫌われること、否定されることをある程度許容します。

完璧主義の人は

嫌われることを恐れてノーが言えないため、
手に余る仕事を抱え込んでしまう

よろしくね！
お願いします！

新しいことをしようとすると、必ず反対する人、陰口を言う人が出てくるものです。そんな中、本当に支持してくれる人に認められればいいと割り切るのです。

そのように、「嫌われない努力」を手放すと、時間的・精神的な余裕が生まれます。

上手に力を抜く人は

陰口を言われても
必要のない仕事は決してやらない

実践

1. 八方美人にならない
2. 嫌われたり、否定されても
ある程度は仕方がないと
考える

32

完璧主義の人は
全員の合意を目指す

上手に力を抜く人は
キーマンへの根回しを徹底する

私は大組織で営業の仕事をしていたので、社内決裁を取る時は本当に苦労しました。ひとつの決裁に、必要な関係者や、話を通しておく人が20名はいたのです。

完璧主義の私は、配属当初、営業部の主任、課長、部長に話を通し、技術部の担当者、課長、部長と回り、企画本部へと順番に一人ひとり話を通していきました。

結果、ひとつの提案の合意を取るだけでヘトヘトになっていました。特に説得が大変な人には説明を尽くして、資料をつくり直してまた訪問する。こんなことを繰り返して膨大な時間がかかっていました。

しかし、決裁を取るのが上手な人を見ていると、合意の取り方がまるで違います。

ひと言で言えば、「キーマンを押さえにかかる」のです。

キーマンを押さえると圧倒的に調整が早くなる

社内でも社外でもキーマンと関係ができていると、スムーズに合意を取ることができ、仕事を進めやすくなります。

キーマンといっても、組織上の役職が高い人とは限りません。人間関係には、役職以外の力関係があり、「あの人が言うなら」と影響力の強い人がいます。

また、その人の性格によって、決裁の相談は先に話を通してほしいと思う人と、リスク回避から最後の結果だけを持ってきてほしいと思う人がいます。

私は、上手に力を抜く人の「決裁の取り方」を観察し、改善をしました。そして、どういう順番で調整すれば全員が納得するのか、事前にシミュレーションをするようになってからは、決裁を通すのが3倍以上も速くなりました。

仮に、一番の難関が技術部の課長ならば、その人が最も信頼を置いている営業部の部長にまず話を通して決裁を得るようにしました。その上で、技術部の課長に話を通しに行くと、「○

○部長がいいと言ったなら」と楽に合意を得ることができます。また、一気に決裁を取りたい場合は会議を開き、キーマンにあらかじめどのように発言してもらうかを根回ししておきました。

組織・チーム全体を上手に動かすには、影響力のあるキーマンとの関係を良くしておくこと、彼らがイエスと言うツボを知っておくこと、全員の立場を尊重して「頭越しされた」「自分はないがしろにされた」という感覚を与えないことが大切です。

完璧主義の人は

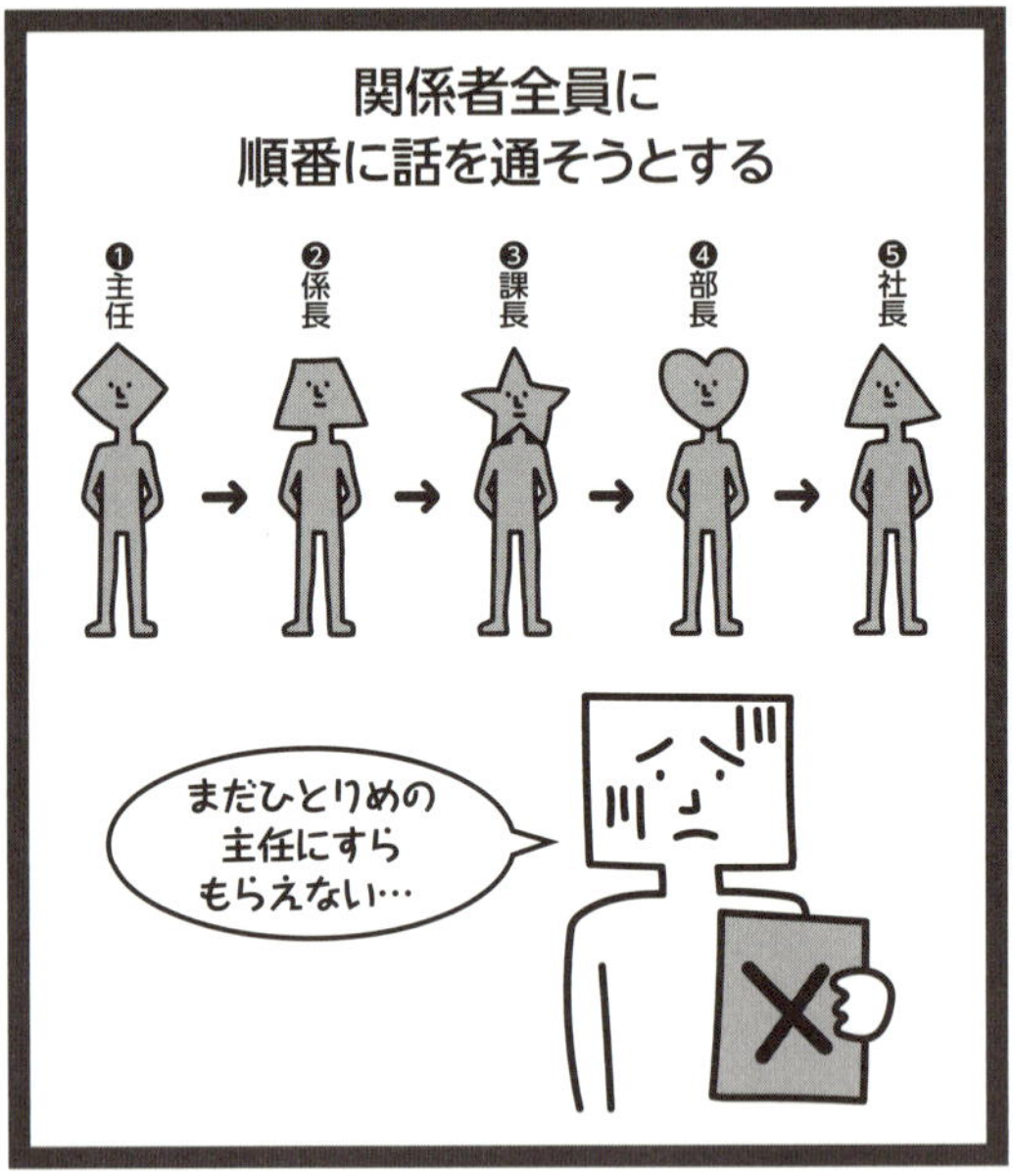
関係者全員に
順番に話を通そうとする
❶主任
❷係長
❸課長
❹部長
❺社長
まだひとりめの主任にすらもらえない…

上手に力を抜く人は

キーマンを押さえ、
相談の順番にも工夫をこらす

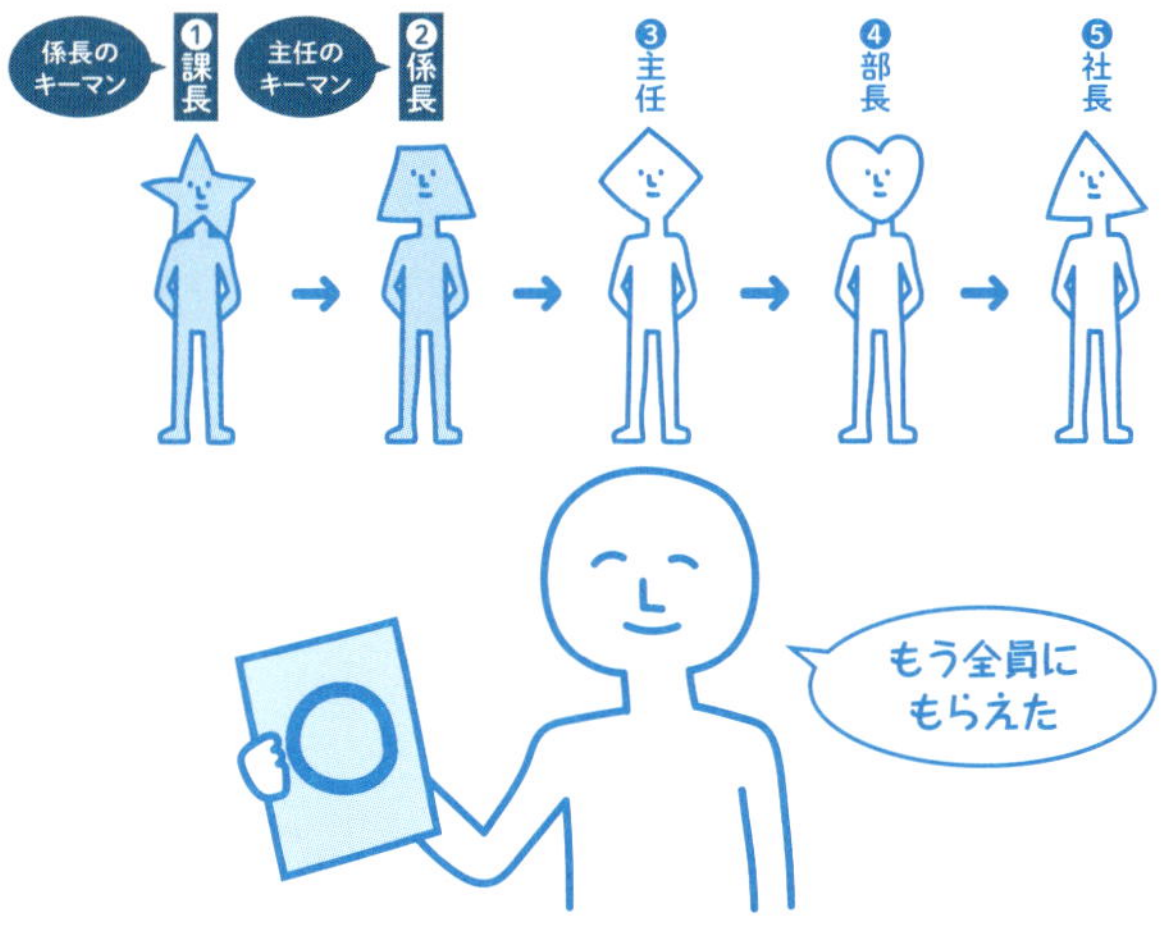

実践

①キーマンは誰かを見抜く

②キーマンと良好な関係をつくる

33

完璧主義の人は 自力でがんばり続ける

上手に力を抜く人は 他人の力を上手に借りる

『頭がいい人はなぜ、方眼ノートを使うのか？』（高橋政史・著　かんき出版）に、とても興味深い内容がありました。

戦略系コンサルティング会社のマッキンゼーやＢＣＧ（ボストン・コンサルティング・グループ）のコンサルタントは、**プレゼン資料のデータ作成（パワーポイントでの作業）をインドに外注している**そうです。

彼らはいきなりパソコンに向かってパワポをつくることはなく、プレゼン資料の内容を方眼ノートに手書きで「そのままパソコンで清書すればＯＫ」な状態まで書きます。

あとは、この下書きを夜、インドにファックスしておけば、翌朝出社した時にインドから美しいプレゼン資料がメールで届いているのだそうです。

パワポで資料作成するには、紙に書く場合の3倍は時間がかかります。

その時間があればプレゼン資料の下書きがさらに3本できてしまうということを考えると、いかに自力だけではなく、他力を上手に借りて仕事をしたほうがいいかがわかります。

人に任せるスキルを磨こう

完璧主義の人にとって、人に任せることは克服すべき大きな課題でしょう。なぜならば、失敗するリスクが怖いだけでなく、任せた人に「自分でやればいいのに」と心の中で思われているのではないかという不安もあるので、自分でやったほうが精神的に楽なのです。

しかし、これまで本書で述べてきた通り、**高い成果を上げるためには他人に任せて、より価値の高い作業に集中していかなければなりません。**だからこそ、任せることを大切なスキルとしてとらえるべきです。

最初は、作業を引き継ぐための時間や手間がかかりますが、徐々にその負担が減っていき、完全に任せられるようになると、「あうんの呼吸」で進むようになります。ここまでは「忍耐」

が必要です。その前提で任せることをはじめるのです。中長期で見れば、その手間は必ず回収できます。

まずは、今ある仕事で、あなたが直接やらなくてもいい仕事、できればお願いしたい仕事を書き出してみましょう。そしてはじめは60％程度のレベルで仕上がってくることを想定して、提出を早めにお願いするか、リスクが大きな仕事であれば、簡単なことから任せましょう。

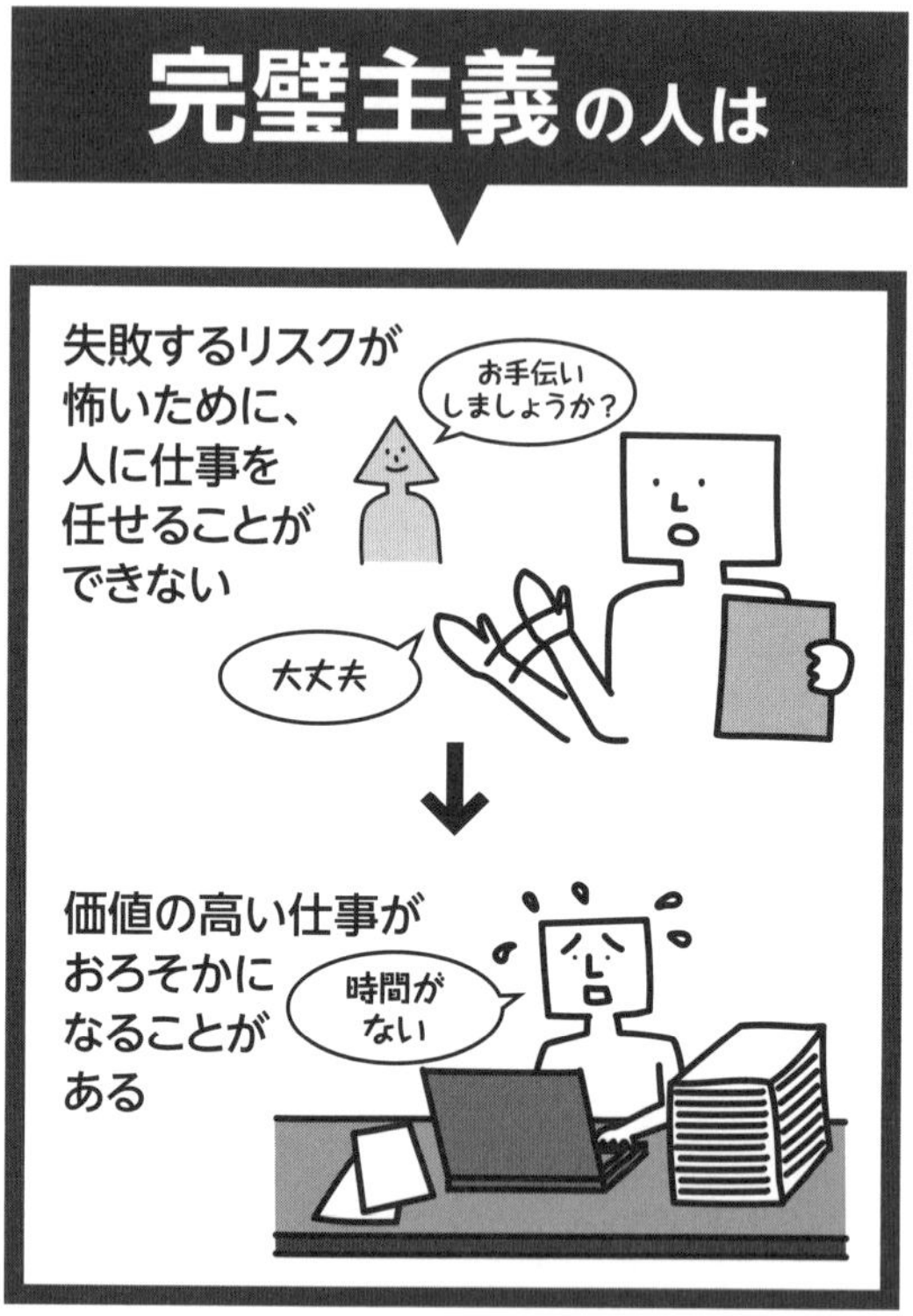
完璧主義の人は
失敗するリスクが怖いために、人に仕事を任せることができない
お手伝いしましょうか？
大丈夫
価値の高い仕事がおろそかになることがある
時間がない

上手に力を抜く人は

自分にしかできない
仕事を把握し、
それ以外の仕事を
思い切って人に任せる
お願いします
かしこまりました
価値の高い仕事に
集中できる

実践

❶負担が減ると考え、任せるモチベーションを高める

❷はじめから完璧を期待せず、任せる恐怖を小さくする

COLUMN 5

項目 28 （136ページ）のポイント

あなたは白黒思考ではありませんか？

「白黒思考」とは、何か物事が起こったとき瞬間的に頭に浮かぶ「自動思考」のひとつで、「良いか悪いか」「100か0か」といった、とても極端な考え方です。

パーフェクトではないけれども、すごくできないわけでもない――グレーゾーンの考え方がないのです。

特に、**完璧主義の白黒思考の持ち主は、たとえ少しできなかっただけでも、全部できなかったかのような裁定をくだします。**そのため、自己嫌悪に陥りやすく、ものごとも長続きしません。

あなたも下の表のような白か黒か、「二者択一の判断」をしていませんか？

もしそうならば、**小さな成果でも認めて、グレーゾーンを受け入れることが、成長への近道**となります。

白	黒
うまくいった（成功）	うまくいかなかった（失敗）
良い	悪い
合う	合わない
好き	嫌い
できる	できない
自信がある	自信がない
完璧にやる	何もしない

参考文献

23ページ『ダントツ VOL．113「レバレッジ」はテクニックではない、生き方だ！』（ALMACREATIONS）

26ページ『平尾×記虎 熱血対談「ラグビーを語り、日本スポーツの未来を語る」』（https://www.ryukoku.ac.jp/about/pr/publications/59/sport/index.htm）

28ページ『毎日4時45分に帰る人がやっているつまらない「常識」59の捨て方』（山田昭男著 東洋経済新報社）

30ページ『まわりの人を一瞬でファンにする方法』（ALMACREATIONS）

106ページ「パズドラ孫泰蔵さんが教えてくれたこと・脳のリミッターを外す名言」（https://www.youtube.com/watch?v=gc6tplcrVZk）

おわりに

本書の目的は、**「力の入れどころと抜きどころ」を見極め、努力を高い成果に結びつけるための思考・行動習慣**をお伝えすることでした。

それらがわかることで、むやみに自分を追い込まず、少ないストレス・時間で成果を上げられる最善主義に変わっていきます。

私は、習慣化コンサルタントとして、**「習慣を変えれば仕事と人生の質が変わる」**をモットーに、良い習慣を身につけ、悪い習慣をやめるメソッドをお伝えし、実践をサポートする活動をしています。

思考習慣を変えてきた実績の背景には、心理学の知識があります。私は米国NLPマスタープラクティショナーであり、認知行動科学なども学んできました。

私は、習慣を大きく次の3つに分けています。

①「行動習慣」

②「身体習慣」
③「思考習慣」

行動習慣、身体習慣である、片付けやダイエット、禁煙、運動、早起きなどは、拙著『30日で人生を変える「続ける」習慣』、『新しい自分に生まれ変わる「やめる」習慣』（日本実業出版社）をご覧ください。続ける・やめる方法をご紹介しています。

また、思考習慣は『マイナス思考からすぐに抜け出す9つの習慣』（ディスカヴァー・トゥエンティワン）が体系的な内容になっています。

本書はその中の第7の習慣「完璧主義をやめる」に特化して書いた内容です。

もし、あなたが仕事やプライベートにおいて、ストレス思考から抜け出したいと願うならば、その他8つの思考習慣については、この本を参考にしていただけたらと思います。

仕事の効率・効果は、思考と行動習慣の結果に左右されます。
だからこそ、本書の各項目の実践内容を毎日ひとつでいいので実行してください。

あなたが完璧主義から最善主義へと移行し、劇的な成果を上げる結果につながれば幸いです。

最後までお読みいただきありがとうございました。

習慣化コンサルタント　古川武士

2017年5月

無料読者サポート

本書の読者特典として、実践支援のツールを用意しました。
あなたの「変わろう」という情熱を継続させる
サポートツールとしてご活用ください。

①実践サポートメルマガ

本書の33項目のポイントと実践内容を33日間、1日ひとつ配信します。
朝、8時に配信されますので、出社前に確認し、
1日に1項目ずつ集中して取り組んでみてください。

②診断テストダウンロード

第0章の「完璧主義診断テスト」がダウンロードできます。
本書の内容を実践して、3カ月ごとに思考の変化を診断してみてください。
確実に変わっていく自分を発見することができると思います。

ツールの入手は、

習慣化コンサルティング株式会社　公式サイト
http://www.syuukanka.com/

にアクセスしてください。

【ハンディ版】2割に集中して結果を出す習慣術

発行日　2017年　5月　30日　第1刷

Author	古川武士
Book Designer	[カバー・表紙]小口翔平(tobufune) [本文・DTP・マンガ]伊延あづさ　佐藤純(株式会社アスラン編集スタジオ)
Publication	株式会社ディスカヴァー・トゥエンティワン 〒102-0093　東京都千代田区平河町2-16-1 平河町森タワー11F TEL　03-3237-8321(代表) FAX　03-3237-8323 http://www.d21.co.jp
Publisher	干場弓子
Editor	藤田浩芳　林秀樹 編集協力:清友真紀　青木啓輔(株式会社アスラン編集スタジオ)
Marketing Group Staff	小田孝文　井筒浩　千葉潤子　飯田智樹　佐藤昌幸　谷口奈緒美 西川なつか　古矢薫　原大士　蛯原昇　安永智洋　鍋田匠伴　榊原僚 佐竹祐哉　廣内悠理　梅本翔太　奥田千晶　田中姫菜　橋本莉奈 川島理　渡辺基志　庄司知世　谷中卓　小田木もも
Productive Group Staff	千葉正幸　原典宏　三谷祐一　石橋和佳　大山聡子 大竹朝子　堀部直人　林拓馬　塔下太朗　松石悠　木下智尋
E-Business Group Staff	松原史与志　中澤泰宏　中村郁子　伊東佑真　牧野類
Global & Public Relations Group	郭迪　田中亜紀　杉田彰子　倉田華　鄧佩妍　李瑋玲　イエン・サムハマ
Operations & Accounting Group Staff	山中麻吏　吉澤道子　小関勝則　池田望　福永友紀
Assistant Staff	俵敬子　町田加奈子　丸山香織　小林里美　井澤徳子　藤井多穂子 藤井かおり　葛目美枝子　伊藤香　常徳すみ　鈴木洋子　内山典子 谷岡美代子　石橋佐知子　伊藤由美　押切芽生
Proofreader	文字工房燦光
Printing	大日本印刷株式会社

ISBN978-4-7993-2104-1